KB264069

이케아,
그 신화와 진실

GREAT BRAND STORIES

GREAT IKEA!

A BRAND FOR ALL THE PEOPLE

ELEN LEWIS

GREAT BRAND STORIES

GREAT IKEA!

이케아,
그 신화와 진실

초판 1쇄 인쇄일 2012년 6월 5일
초판 1쇄 발행일 2012년 6월 8일

지은이 엘렌 루이스
옮긴이 이기홍
펴낸이 김미숙
편 집 김은경
디자인 박정우
마케팅 백유창
관 리 김현미
펴낸곳 이마고
주소 121-840 서울시 마포구 상암동 1654 이안오피스텔 1401
전화 02-337-5660   팩스 02-337-5501
E-mail imagopub@chol.com   www.imagobook.co.kr
출판등록 2001년 8월 31일 제10-2206호
ISBN 978-89-97299-06-5 03320

* 값은 뒤표지에 있습니다.
* 잘못된 책은 바꿔드립니다.

978
-89
-97299
-06
-5

GREAT IKEA!
: A BRAND FOR ALL THE PEOPLE
by Elen Lewis
Copyright ⓒ 2008, Marshall Cavendish International (Asia)
Pte Ltd. All rights reserved. No part of this publication may be
reproduced or transmitted in any form or by any means, or stored
in any retrieval system of any nature without the prior written
permission of Marshall Cavendish International (Asia) Pte Ltd.
KOREAN language edition ⓒ 2012 by Imago Publishing Inc
KOREAN translation rights arranged with Marshall Cavendish
International (Asia) Pte Ltd, Singapore through EntersKorea Co.,
Lte., Seoul, Korea.

이 책의 한국어판 저작권은 (주)엔터스코리아를 통한 저작권자와의
독점 계약으로 도서출판 이마고가 소유합니다. 신 저작권법에 의하여
한국 내에서 보호를 받는 저작물이므로 무단전재와 무단복제를 금합니다.

GREAT
IKEA
이케아, 그 신화와 진실
엘렌 루이스 지음 ― 이기홍 옮김
이마고

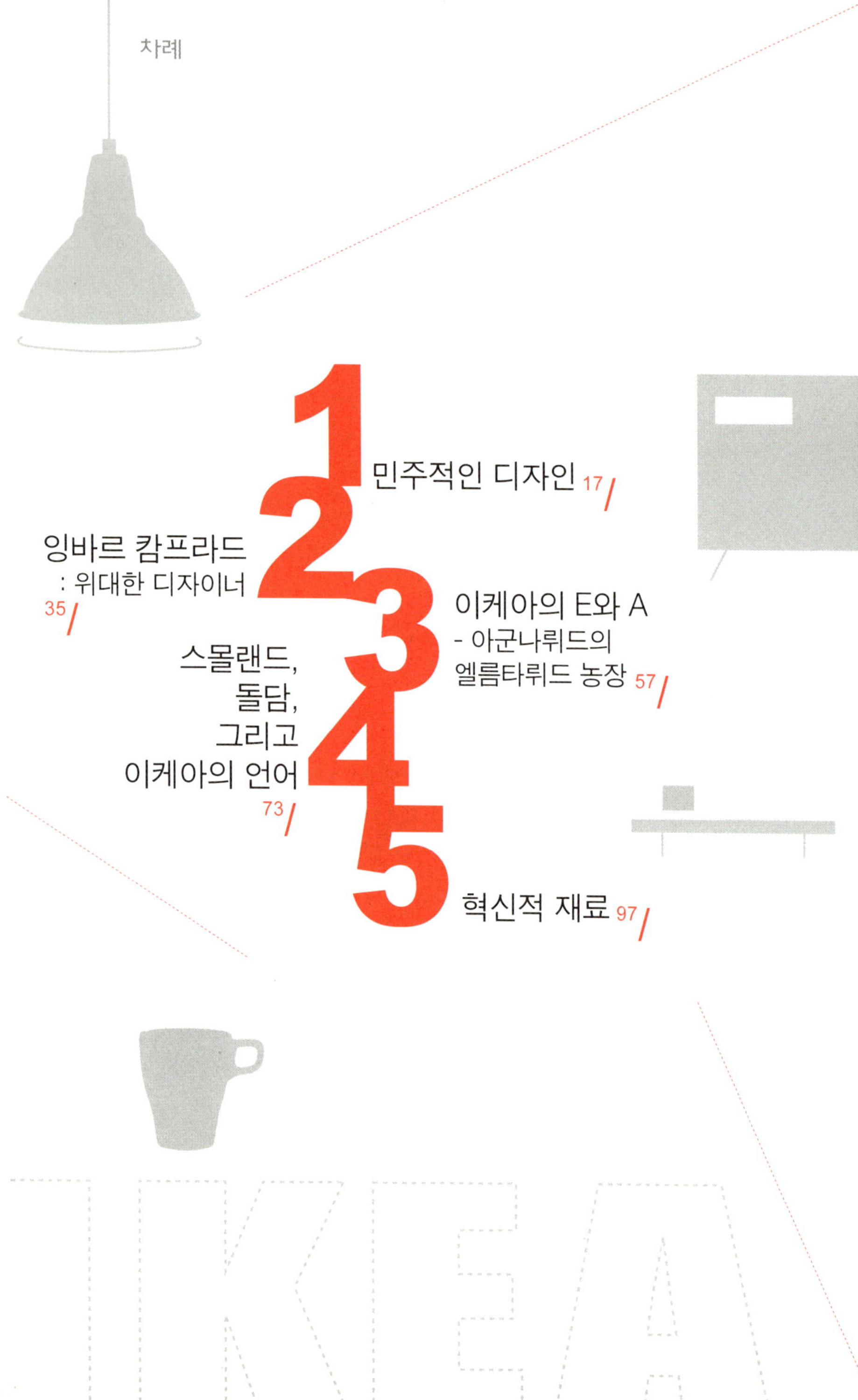

차례

contents

감사의 글 ACKNOWLEDGMENTS

이 책의 자료조사에는 많은 분들이 도움을 주었다. 안타깝게도 그들 중 상당수의 이름을 여기에 밝힐 수 없다. 왜냐하면 그들은 오프더레코드로 해주기를 부탁했기 때문이다. 도움 주신 분들의 이름을 여기 모두 밝힐 수 없어 매우 아쉽지만 내가 만났던 이케아 내부 인사와 지인들 모두에게 깊은 감사를 전한다.

스웨덴과 스칸디나비아 문화를 깊이 이해할 수 있도록 도와주었던 니클라스 융베리, 라사미 호크 융베리, 토마스 가드, 니콜라스 인드와 보에게 감사한다. 바일 암 라인에 있는 비트라 디자인 미술관의 알렉산더 폰 페게사크 관장과 런던 왕립미술대학의 선임연구원으로 디자인사를 가르치는 비비아나 나로츠키 박사는 스칸디나비아 디자인의 역사적 맥락을 파악할 수 있도록 도와주었다.

존 시몬스는 나를 위해 『브랜드 전략』지에 뛰어난 글들을 수차례 써주었는데, 이제 그를 위해 무언가를 쓸 수 있는 기회를 갖게 되어 기쁘다. 사이언 북스 출판사의 마틴 리우, 폼 솜캅차르티, 리네트 타이는 책의 모양새가 달라졌을 때에도 변함없이 열렬히 지지해주어 고맙다. 루스 모티머에게도 감사를 전하고 싶다. 그녀는 이 책의 중요한 인터뷰들을 도와주었다. 또 내가 정신이 딴 데 팔려 있을 때에도 참고 기다려준 『브랜드 전략』지의 식구들, 베카, 조, 모랙, 하워드, 나이젤, 모두 고맙다.

친구들에게도 고마움을 전한다. 교정쇄를 읽고 격려해준 리즈, 촉박한 일정 속에서 숙박하는 법과 예고 없이 인터뷰하는 기술을 알려준 라이 그리고 내 이케아 이야기를 따분해하지 않고 들어준 드니키 이스트(Deneke East)의 모든 친구들에게 고마움을 전한다.

누구보다도 내가 글을 쓰는 동안 차를 챙겨다 주고, 조언을 해주고, 룰워스 코브의 강풍에도 불구하고 산보를 나가주신 엄마에게 감사한다. 그리고 끝없는 이케아 방문에도 참을성 있게 나와 동행해주고, 많은 차를 타다 주고, 3개월 동안 집 안에서 살금살금 걸어준 사이먼에게 감사한다. 당신이 없었다면 이 책을 쓸 수 없었을 것이다.

우리 모두 거기에 가본 적이 있고 해본 적이 있다. 우리는 이케아의 미로 같은 길을 헤매다 찾고 있던 플랫팩 가구를 발견하고 땀을 뻘뻘 흘리며 집까지 가져온다. 육각렌치가 어딨지? 맞춤못 B를 구멍 C에 끼우라는 건 무슨 소리지? 간신히 조립한다 해도 과연 잘 붙어 있을까?

이케아에서 쇼핑하는 과정은 수많은 도전으로 가득하다. 그러한 도전 중 으뜸인 하나가 주차장에 도착하기까지 길게 늘어선 차량 행렬이다. 하지만 그 자체가 이미 우리가 이케아에서 저항할 수 없는 특별한 무언가를, 절대 쉽지 않은 경험을 위해 만들어놓은 것 같은 장애물들을 모두 극복하게 하는 무언기를 본다는 신호다.

그 '무언가' 란 바로 브랜드다. 이 책에서 엘렌 루이스는 우리의 생활방식을 바꾼 브랜드 이케아의 배후에 놓인 아이디어, 원칙, 역사를 설명한다. 한편으로 이케아는 가구와 살림살이를 모든 이들이 적절한 값에 장만할 수 있도록 함으로써 실내장식 사업을 민주화했으며, 다른 한편으로는 가구를 일회용 패션 아이템으로 만듦으로써 현대 소비사회가 어떻게 우리의 가치관을 타락시켰는지의 상징이 되었다. 어느 누구도 이케아 가구 아이템을 미래 세대에게 물려주기 위해 사지는 않는다.

여기에 이케아뿐 아니라 우리 모두의 딜레마가 있다. 엘렌 루이스는 이케아의 팬이지만 깊이 있는 의문을 지니고 있다. 그녀의 의문은 많은 브랜드들이 직면한 문제의 고갱이에 다가간다. 오랫동안 살아남는 모든 브랜드는 성공과 함께 제기되는 그 질문들을 직시해야 한다. 이 브랜드는 지속 가능한가? 그 배후의 아이디어는 더 이상의 발전이 가능한가? 오늘 그것을 사랑하는 고객이 내일은 떨어져 나가지는 않을까? 만일 그렇다면 그들을 어떻게 되돌려놓을 것인가? 아주 강하게 약동하는 브랜드 원칙이 토대에 있다 해도 사람이, 시간이, 지리가 브랜드를 점점 더 그 출발점에서 먼 곳으로 데려간다면 그래도 그것이 계속해서 강력하게 고동칠 수 있을까?

이케아가 이러한 질문들에 대한 답을 발견한다면 다른 브랜드들처럼 그들은 결코 사라지지 않을 것이다. 당신이 그 대답을 시도하기 위해서는 먼저 이야기 자체를 이해할 필요가 있다. 이 책에서 엘렌 루이스가 들려주는 이케아라는 브랜드의 이야기는 전문가이건 소비자이건 배울 것이 아주 많다. 그리고 책을 다 읽고 나면 이케아 전통에 따라서 스웨덴 미트볼 한 접시를 즐기는 것도 아마 좋으리라. 그러고자 이케아를 방문한다면 그때는 꼭 이 책을 가져가기 바란다. 당신의 이케아 방문에서 더 커다란 깨달음을 얻을 수 있는 최선의 방법이다.

존 시몬스
'위대한 브랜드 시리즈' 편집자

히알마르가 잠들자마자 올레 루크오이에는 작은 나무 지
팡이로 방 안 가구들을 톡톡 건드렸다. 그러자 모두가 말
을 하기 시작했다. 전부 자기 이야기들만 해댔다. 침 뱉
는 통만 빼고. 침 뱉는 통은 가구들이 허영심에 가득 차
자기들 얘기만 해대고 그에게는 신경도 쓰지 않자 몹시
언짢았지만 잠자코 구석에 얌전히 서서 모두가 자신에게
침을 뱉도록 내버려두었다.

–《안데르센 동화》 중에서 〈올레 루크오이에(Ole Lukoie)〉

이케아에 관한 책을 쓰는 것은 플랫팩 가구(flat-pack furni-
ture, 운반하기 좋도록 납작한 상자에 부품들을 넣어서 파는 조립
식 가구–옮긴이)를 조립하는 것과 같다. 한군데로 합쳐야 할
부품들이 너무 많다. 온갖 자잘한 정보들, 도시 괴담들, 재
밌는 이야기들, 꼭 인터뷰해야 할 인물들……. 중요한 것
들을 빼먹지 않고 모두 한데 조립하기란 여간 어려운 일
이 아니다.

이것은 원래 내가 의도했던 책이 아니다. 처음에 내가 사
이언 북스 출판사에서 존 시몬스, 마틴 리우, 리네트 타이
와 수다를 떨 때만 해도 이케아가 이 프로젝트에 전심전력
으로 협조해주리라 여겼었다. 처음에는 이케아도 동의했
고 그래서 스웨덴에서 만나기로 약속한 사람들에 대한 상
세 일정표를 작성할 정도까지 진행했으나 얼마 뒤 이케아

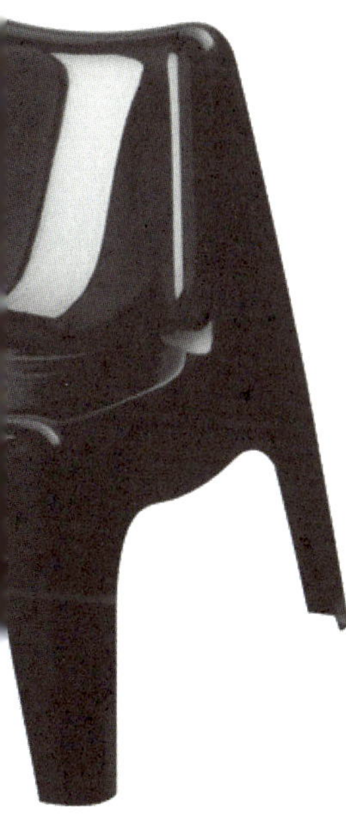

는 마음을 바꾸었다. 당시 나는 실망하고 얼떨떨했으나 이제 생각하니 그 때문에 이 책이 더 흥미로워진 것 같다. 덕분에 이 책은 회사의 공식 이야기꾼이 아니라 탐정에 더 가까운 이가 들려주는 스웨덴 가구회사에 대한 독자적 설명이 되었다.

처음에는 아주 간단한 작업이리라 생각했다. 스웨덴으로 여행을 가서 중요 인물들을 인터뷰한 다음 그걸 이야기로 풀면 될 것이라 여겼다. 하지만 나는 유럽 전역을 돌아다니며 전직 직원들을 찾아내야 했고, 퇴근 후의 이케아 직원들이나 이 회사와 가까운 이들을 철저히 비밀로 한다는 조건으로 인터뷰에 응하도록 설득해야 했으며, 이케아 매장에서 고객과 직원들을 관찰하고 대화를 나누는 데 많은 시간을 들여야 했다. 지난 3개월간 얼마나 미트볼을 많이 먹었는지 생각하기도 싫을 지경이다.

나는 이케아의 10가지 이상의 일자리에 지원해봤으나 기껏 감사의 편지를 받은 게 전부다. 고객 서비스팀, 각 지점, 카드 사업부, 웹사이트 등에 각기 다른 이름과 주소를 써서 편지를 보냈다. 한 이케아 상점에서는 소파침대의 사진을 찍다가 카메라를 빼앗기지 않으려고 몸싸움을 벌이기도 했다.

조직의 내부 인사나 조직에 가까운 이들은 극비로, 비보도를 전제로 인터뷰에 응했다. (여기에 실수가 있다면 모든 것은 전적으로 내 탓이다.) 그들은 이케아 이야기를 하고 싶어 했으나 본사의 진상을 누설하는 일은 두려워했다. 그들은 내게 고압선 철탑 재료로 만든 티라이트 홀더를 가져다주었고, 내 녹음기에 대고 스웨덴의 술자리 노래를 불러주었다.

이케아에 대해 많은 걸 알게 되자 그들이 이 책에 협조하지 않기로 결정한 이면의 이유를 어느 정도 이해할 수 있었다. 이케아는 믿을 수 없을 만큼 비밀스러우며, 외부인이 너무 가까이 다가오는 것도 좋아하지 않는다. 이케아는 또한 겸손한 조직이다. 스칸디나비아에서 잘난 체하지 않고 다른 사람보다 튀지 않게 행동하는 것은 매우 중요하며 이케아는 이러한 정서에 매우 충실하다.

인파를 피하고자 하는 사소한 의도로 어느 월요일 늦은 저녁시간에 이케아를 방문했는데 매장은 약간 추레해 보였다. 전시실들은 마치 사람이 살고 있는 곳인 듯했다. 더러운 카펫, 구겨진 침대 커버, 바닥에 나뒹구는 소파 쿠션들. 나는 문득 그것이 바로 우리 가정에서의 이케아 모습이 아닐까 생각했다.

욕실 매장 중 타일 하나가 떨어져 나간 부분이 있었다. 나는 그 구멍을 들여다보았다. 무언가를 볼 수 있을 것이라 생각했는지는 모르겠다. 어쩌면 한 무리의 스웨덴 디자이너들이 저렴한 가구를 만들어내려고 무던히도 애쓰는 모습 혹은 이케아의 괴짜 창업자 잉바르 캄프라드가 직원들을 모아놓고 일장훈시하는 모습을 보게 될까. 이케아의 무대 뒤를 얼핏 엿볼 수 있으리라 기대했지만 거기에는 아무것도 없었다. 휑하니 드넓은 어둠만이 있을 뿐.

이제부터 이케아의 그 노란색과 파란색 베니어합판 너머의 참모습을 여러분에게 보여주려 한다. 이케아는 온갖 신화와 전설로 점철된 브랜드다. 이케아 이야기를 읽은 후 플랫팩 가구 조립이 전과는 다른 느낌이기를 바란다.

※ 일러두기

이 책의 원서는 2008년에 출판되어 본문 중에 나오는 대부분의 통계자료와 수치는 2008년을 기준으로 작성되었으나, 현재 시점에서 확인이 된 일부 자료와 수치는 가장 최근의 데이터로 업데이트하였음을 밝혀둡니다.

숫자로 본 이케아

매일 **150**만 명의 고객이 이케아를 방문한다.

이케아 고객은 1년에 평균 **3.5**회 매장을 방문한다.

1978년부터 30년 동안 **2800**만 개의 빌리 책장이 팔렸다.

이케아 고객의 평균 연령은 42세다.

이케아 고객의 60퍼센트는 여성이다.

이케아 식당에서는 1년에 **1**억 **5000**만 개의 미트볼이 팔린다.

이케아 제품은 1만 종이 넘는다.

한해에 **5**억 **8000**만 명의 고객이 이케아를 찾는다.

회계연도 2010년 기준 이케아의 매출은 **235**억 유로다.

이케아의 직원은 2008년에 약 12만 8,000명이었다.

이케아 매출의 16퍼센트는 독일에서다.

이케아 제품의 22퍼센트가 중국에서 팔린다.

2008년 이케아 카탈로그 **1**억 **9000**만 부가 55가지 판과 **27**개 언어로 인쇄되었다.

현재 40여 개국에 **330**여 개의 이케아 매장이 있다.

출처: www.ikea.com과 저자의 조사

GREAT IKEA!

A BRAND FOR ALL THE PEOPLE

ELEN LEWIS

민주적인 디자인

democratic design

당신의 삶을 바꿀 수 있는 브랜드는 세상에 몇 개 없다. 이케아는 그중 하나다. 이 스웨덴 가구회사는 엑토르프 안락의자, 투불 여행용 무릎담요, 적절히 배치한 타이트 화병과 이소 램프를 추가하는 것으로 당신의 촌스러운 집을 멋진 스웨덴 스타일로 바꿔놓을 수 있다는 매혹적인 약속을 퍼트린다.

사회에 이런 영향력을 미치는 브랜드는 드물다. 많은 브랜드가 그렇다고 자부하지만 실제로는 그렇지 못하다. 이케아는 패션이란 더 이상 우리가 입는 옷에 있는 것이 아니라 우리의 집을 어떻게 꾸미는가에 있다는 점을 설득했다. 이것은 집의 패션을 상승일로로 이끄는 데 결정적인 역할을 했다.

이케아 이전의 가구란 조부모와 부모에게서 물려받는 것이었다. 사람들은 집의 살림살이를 장만하려고 평생 동안 저축하곤 했다. 소파 하나도 죽을 때까지 쓰기 위해 샀다. 이제 우리 머리에는 '톱숍'(Top Shop, 영국의 여성 의류·패션 액세서리 브랜드―옮긴이) 패션이 박혀 있고, 가구는 일회용의 일시적인 것이 되었다. 이케아는 우리에게 자기표현의 기회를 준 브랜드였다.

우리는 집의 변신이 대단히 중요해진 세상에 산다. 우리는 더 이상 어떤 차를 모는지, 어떤 옷을 입는지, 휴일에 어디를 가는지, 혹은 집이 얼마나 큰지로 그 사람을 판단하지 않는다. 하지만 그 사람의 집을 방문해보면 모든 걸 안다. 우리는 집을 자신의 개인적 정체성을 드러내는 데 이용한다. 아마도 이것은 9.11 테러사건 이후 나타난 현상일 것이다. 바깥세상은 통제할 수 없지만 집 안은 제어할 수 있으며 근사해 보이게 꾸밀 수 있다.

이케아는 우리 모두를 디자이너로 만들었다. 우리는 최신 유행의 저렴한 스웨덴 가구로 인테리어를 1~2년마다 업데이트하는 '방 바꾸기 세대'다. 이케아는 소품으로 가득한 쇼핑백 하나로 생활공간을 변모시킬 수 있다고 우리를 흥분시킨다. 그것은 이제 새 옷을 살 여유가 생겨서가 아니라 마치 조그만 액세서리 하나로 당신이 아주 큰 차이를 만들 수 있다고 느끼는 것과 같다.

가구를 혁명시킨 발명

이케아의 신화는 우연하지만 중대한 발명에서 시작된다. 1950년대 초, 이케아의 네 번째 직원 일리스 룬드그렌(Gillis Lundgren)은 차 트렁크에 테이블을 집어넣으려고 안간힘을 쓰고 있었다. 급기야 그는 테이블 다리를 잘라냈고, 이렇게 해서 플랫팩 가구가 발명되었다. 이 발견은 엄청난 선적 공간의 낭비 없이 가구를 전 세계로 운송할 수 있음을 의미했고, 또한 가구 조립비 부분을 고객에게 떠넘길 수 있다는 것을 뜻했다.

이 의미는 이케아가 물건을 아주 싸게 만들 수 있게 되었고 이제 가구가 대대로 물려받는 해묵은 감정의 짐을 벗을 수 있게 되었다는 뜻이다. 그리고 가구가 일회용의 일시적인 것처럼 보일 수 있다는 의미이기도 했다. 이제 우리는 꼭 필요한 것이 아닐지라도 아주 싸다는 이유만으로 집을 위해 충분히 물건을 구매할 수 있다는 것이다. 이것은 전 세계 이케아 매장 어디에서든 어깨 너머로 들리는 은밀한 대화를 끌어냈다. 엄마와 딸이, 남편과 아내가, 연인과 친구들이 욕망과 필요와 터무니없이 싼 가격 사이에서 균형을 잡으려고 옥신각신하는 소리다.

"이건 네가 키슈 파이 만들 때 딱이겠다."
"왜 내가 키슈를 만들어?"
"알았어. 야채 파이용으로."
"그냥 오븐 쟁반 쓰면 안 될까?"

최신 유행의 침실에 놓인 말뫼 침대에 앉은 커플은 소곤소곤 말다툼에 여념이 없다. 이들은 코라스라는 이름의 거저나 다름없는 단돈 15파운드짜리 흰색 침대 사이드 테이블을 살펴보고 있다.

"집에 아무것도 못 들이게 하는군."
"사이드 테이블은 이미 있잖아."
"비싸지도 않아."
"하지만 꼭 필요한 게 아니잖아."
"정말 싼데."

사람들로 난리법석인 계산대로 쇼핑 카트를 밀고 가던 두 남자가 멈춰 선다. 그들의 쇼핑 카트에는 타월과 커튼과 액자와 티라이트 사이로 스틸 화분에 담긴 거대한 유카가 위태롭게 서 있다. 한 사내가 말한다.
"오븐 장갑을 못 샀으니 저거라도 사야지."
글래스고 시의회에서 일하는 40대 여성 에드위너 헤자지언의 이야기도 있다. 그녀와 남편은 일주일에 두 번 이케아에 오며, 그래서 플랫팩이 들어갈 만한 차를 새로 장만했다.

"저는 이케아에 푹 빠졌어요. 물건을 사면서 다음에 살 것도 미리 정해두죠. 두 해 전 밸런타인데이 때 남편이 물었죠. '어디 가고 싶어?' '에든버러요.' '거긴 뭐 하러?' '이케아요. 이케아에서 저녁을 사줘요.'"[2]

인터넷 블로그에서 이 스웨덴 가구회사에 관한 각종 소문과 뉴스, 경험을 나누는 이케아 팬들도 있다. 미국의 웹디자이너 젠 펑크 시그레스트는 자신이 사는 오하이오에 이케아 매장이 생기게 하려고 열심인 이케아 광팬이다.(2008년 오하이오주에 이케아 매장이 문을 열었다—옮긴이) 그녀의 파랑과 노랑 컬러의 웹사이트에는 다음과 같은 문구의 배너가 계속 반복되며 돌아가고 있었다.

"자존심 버리고 간청합니다. 오하이오에 이케아를."

1999년 졸업 후 받은 첫 달 월급 840위안(약 100달러)을 빌리 책장을 사는 데 쓴 상하이의 왕지안슈오의 이야기도 있다. 이제 그는 좀 더 금전적 여유가 생겼고 무료 지하 주차장, 값싼 아이스크림, 조건 없는 환불정책을 소개하며 자신이 이케아에 가는 것을 얼마나 좋아하는지를 블로그에 털어놓는다.

이케아는 하나의 현상이다. 이케아는 아바(ABBA)와 볼보(VOLVO)를 제치고 스웨덴의 최고 유명 수출품 자리를 차지했다. 연간 5억 8000만 명 이상이 40여 개국 330여 개의 이케아 매장을 방문하며, 160킬로미터를 운전해 찾아가기를 마다 하지 않는다. 그리고 전 세계에서 매일 150만 명 이상의 고객 이 이케아를 방문한다. 영국에서는 일요일에 교회에 가는 사 람보다 이케아에 가는 사람이 두 배 이상 많을 때도 있다. 한 추정치에 따르면 유럽인의 10퍼센트가 이케아 침대에서 잉태 된다고 한다. 스웨덴의 한 신문은 이케아의 은둔형 창업자 잉 바르 캄프라드가 세계 최고 갑부의 자리에 올랐다고 보도했다.

이케아의 이익률은 어마어마하다. 테스코의 이익률이 약 6퍼 센트일 때 이케아의 이익률은 평균 18퍼센트에 달했다. 이케 아 그룹의 매출은 매년 증가한 반면에 가격은 더 낮아졌다.

이케아 세대

브랜드는 대중의 의식에 각인되고 대중문화에서 그 이름을 찾아 볼 수 있을 때 비로소 성공했다고 말할 수 있다. 이케아는 특정 생활 태도나 방식의 문화적 이정표가 되었다. 1991년 작 《X세 대》의 작가 더글러스 커플랜드는 이케아를 언급하며 '반(半) 일회 용 스웨덴 가구'라고 말한다. 이케아는 포스트베이비붐 세대, 곧 1960년대 생들의 공식 가구회사다.

1999년 브래드 피트와 에드워드 노튼이 출연한 데이비드 핀처의 영화 〈파이트 클럽〉에서 노튼이 연기한 잭은 이케아 세계에서 산다. 그는 말한다. "다른 사람들처럼 나도 이케아가 만든 보금자리 본능의 노예가 되었다."

잭은 불면증 환자로 자신은 걸리지도 않은 불치병 환자 돕기 모임에 참가하는 데 중독돼 있다. 영화 장면 중 그의 아파트가 이케아의 상세 카탈로그가 되는 상황이 있는데 화면 속에서 잭의 가구 옆으로 설명, 가격, 주문 정보 등이 펼쳐진다. 그는 또 묻는다.

"카탈로그를 휙휙 넘기다 보면 이런 의문이 든다. '어떤 종류의 저녁식사 세트가 나를 그럴듯한 사람으로 만들까?'"

뮤지컬 〈웨스트사이드 스토리〉의 '마리아' 곡조에 맞춰 '이케아'라는 노래를 부르는 잉글랜드 북부의 코미디 밴드에 관한 이야기도 들었다. 가사는 다음과 같다.

"이케아— 남친이 발견한 이케아. 졸지에 아파트가 이따위 싸구려들로 가득 차 버렸네. 이케아— 전부 베니어합판으로 만들어졌지. 이케아— 난 절대 돈 안 낼 거야. 이케아."

스웨덴의 예술가 안데르스 비도프와 스티그 쇼룬드는 이케아를 자신들의 오브제로 쓴다. 이후 이케아 예술은 더 멀리 퍼졌다. 미국의 설치미술가 안드리아 지텔, 제이슨 로즈, 클레이 케터는 모두 이케아 가구를 자신들의 설치물에 이용한다.

민주적 디자인

이케아는 디자인을 대중의 품으로 가져왔으며 좋은 디자인 가구의 가치를 사람들이 깨닫도록 도왔다. 다시 말해 이해하기 쉬운 방식으로 이것이 현대 디자인이라고 알려주었다. 이것은 와인을 슈퍼마켓 선반에 가져다 놓은 것과 맞먹는 일이다.

이케아의 창업자 잉바르 캄프라드는 1976년에 쓴 책《어느 가구상의 유언》을 이렇게 시작한다.

"우리는 완전히 다수의 편에 서기로 결심했다. 우리 고객에게 좋은 것은 결국 우리에게도 좋다."

'사람들 대다수의 일상생활을 더 낫게 만드는' 것이 그의 열망이었다.[3] 대중적인 것은 흔히 무시되기 쉽다. 하지만 일반 대중에게 이케아는 탁월한 선택이다. 독일 바일 암 라인에 있는 비트라 디자인 미술관의 알렉산더 폰 페게사크 관장은 그 이유를 이렇게 설명한다.

"밀라노의 일급 디자인은 엄두를 못 내는 사람도 그런 사치스런 디자인의 할인 버전은 살 수 있습니다. 단지 더 저렴하기 때문이 아니라 그 디자인의 아이디어는 취하면서 영리하게 비용을 줄일 수 있기 때문입니다. 이것은 발명과 패션을 대중화하는 영리한 방법이며, 사람들이 자기만의 취향을 개발하는 데 도움을 줍니다."

이케아 내부에서는 자사 브랜드가 지갑 사정이 넉넉하지 않은 이들을 위한 것이라고 말한다. 이케아 방문은 늘 너무나 싸서 도저히 믿기지 않아 놀라는 순간들의 연속이다. 혹은 나중에 집에서 이런 대화를 나눌지도 모른다.

> "이 머그잔 어때?"
> "좋은데."
> "20페니야. 이케아에서."

이것이 이케아를 구매하는 이유다. 즉 '믿기지 않는 가격' 말이다. 그리고 그것이 이케아가 민주적인 이유다. 2만 파운드나 드는 인테리어와 외형상 똑같아 보이는 것을 이케아에서는 800파운드면 장만할 수 있다. 품질은 다르겠지만 외양은 비슷해 보일 것이다.

런던 왕립미술대학의 선임연구원으로 디자인사를 가르치는 비비아나 나로츠키 박사는 이렇게 설명한다.

> "예전에는 소득 집단별로 가구에 대한 취향의 차이가 좀 더 명확했습니다. 좋아하는 게 서로 달랐지요. 이젠 모두가 같은 스타일을 좋아합니다. 이것이 취향의 대중화를 보여주는 하나의 척도입니다."

이케아와 포스트모더니즘

나로츠키 박사는 이케아가 포스트모더니즘을 반영한다고 생각한다. 집은 개인의 정체성을 표현하는 배타적인 공간이 되었으며 변화무쌍해졌다. 그녀는 덧붙인다.

"불확실성, 변신, 변화가 가정에 한층 가깝게 침투했습니다. 어떤 면에서 이것은 우리를 불안하게도 하지만 창조적이게도 합니다. 집이 손쉽고 폭넓은 소비문화에 열린 또 하나의 구역이 된 것이죠."

과거에 집은 안정적이고 익숙한 물건들이 놓인 견고한 중심이었다. 부엌 한편에는 늘 할머니의 안락의자가 있었고 그 옆에는 큰할아버지의 구석장이 있었다. 하지만 이제 우리는 스펙터클의 사회에 살고 있으며 이케아는 우리가 자신의 일시적 정체성을 집으로 드러내도록 돕는다.

오늘날 우리는 가구를 슈퍼마켓의 물건처럼 취급한다. 일회용이 된 것이다. 집은 음식이나 패션처럼 주기적인 쇼핑 대상이 되었다. 더는 가구가 필요해서 사는 것이 아니라 그저 주말에 이케아를 둘러보다가 쇼핑을 하는 식이다. 이케아를 방문하기만 하면 우리는 집의 테마를 '선(禪) 스타일' 독신자 원룸에서 '소녀풍' 안방으로 개조할 수 있다.

이케아는 내심 자신들의 회사가 사회적 변화에 영향을 미쳤다고 자부한다. 직원들은 자신이 대중에게 집 꾸미는 법을 가르쳤다고 확신한다. 그들은 방 한가운데 놓인 삭막한 식탁 위로 벌거벗은 전등이 음산하게 흔들거리는 풍경을 즐겨 예로 든다.

"이것이 20년 전 유럽의 모습이었습니다. 우리는 사람들에게 대칭을 가르쳤고 공간을 채우는 법과 조명을 이용하는 법, 가구를 올바로 배치하는 법을 가르쳤습니다."

하지만 나로츠키 박사는 이케아가 사회적 변화에 영향을 미쳤다는 주장에 동의하지 않는다.

"이케아가 대중의 취향에 영향을 미쳤다면 달리 방도가 없었기 때문입니다. 사람들은 자신이 살 수 있는 물건을 결국 좋아하게 됩니다. 대다수 상품이 구입할 만하다면 그 브랜드의 영향력은 점점 퍼지게 되지요. 시장가격에 의한 이런 식의 취향의 대중화가 있긴 하지만 그것을 사회적 변화라고 불러야 할지는 잘 모르겠습니다."

우리 세대도 부모나 조부모들이 그랬듯 가구를 물려주게 될까? 그럴 것 같진 않다. 우리는 이케아 세대니까. 우리는 소파와 탁자를 구두나 드레스처럼 재빨리 소모할 수 있는 패션 소품으로 구입한다. 각각의 집, 각각의 방은 특정 시기를 반영한다. 학창 시절의 하숙방, 독신자 아파트, 혹은 서로 다른 취향

(장미꽃이 수 놓인 침대 커버 대 거대한 스테레오 스피커, 파스텔톤 도자기 대 번쩍이는 크롬 가전기기 등)을 화해시키려 분투했던 첫 동거 아파트.

우리 부모들은 가구와 아주 다른 관계를 맺었다. 나는 부모님께 물려받은 것을 아이에게 물려줄 것이다. 하지만 이케아 가구는 아마 그렇게 하지 않을 것이다. 그 가구는 세월의 시험을 통과하지 않았을 뿐더러 애당초 그런 목적으로 만들어진 것이 아니기 때문이다.

내 친구 한 명이 온라인 경매 사이트 이베이에 이케아 가구들을 내놨다. 나무 선반을 수집하는 구매자가 친구 집을 방문했다. 그 사람은 돈을 지불했고, 친구는 차에 싣는 것을 도와주겠다고 했다. 차 있는 데까지 옮기다가 그만 선반이 떨어져 완전히 산산조각이 났다. 친구는 돈을 돌려주었고, 구매자는 대신 자신이 쓰레기를 치우겠다고 했다.

이케아 : 안티-마케팅 브랜드

이케아를 좋아하고 의지하든, 싫어하고 기피하든, 우리는 점점 더 그곳을 자주 찾는다. 이케아는 반(反) 마케팅 브랜드다. 겉보기에 이케아는 아무 일도 하지 않는다. 이케아는 소비자가 무엇을 원하는지 묻지 않고 대신 말해준다. 소비에 이르기까지의 장벽은 특이할 정도다. 차를 몰고 동네를 한참 벗어나 교통 체증에 고생고생하며 수천 명의 다른 소비자들과 함께 우주선 같은 가게로 모여든다. 창고에서 자기 것을 고른 후 조립을 한다. 빠진 나사와 못 알아먹을 설명서를 가지고.

이케아의 한 동료〔이케아에서는 직원이라고 하지 않고 동료(co-worker)라고 부른다〕는 대꾸한다.

"예, 이케아는 사람들로 혼잡하지만 고객들은 늘 다시 오시죠. 모두가 항상 흰 냅킨과 티라이트를 삽니다. 2,000파운드짜리 소파를 살 엄두는 못 내더라도 300파운드짜리 물건은 살 수 있지요."

이케아는 창업자나 직원들이나 모두 사람들에게 디자인을 알린다는 거의 전도사적 열정을 가지고 있다. 이런 비전이 사실 이케아보다 더 중요하다. 이 스웨덴 가구 교단을 좋아하든 싫어하든 한 가지는 확실하다. 이케아는 당신을 사랑한다. 즉 당신이 손수 가구를 조립하고, 창고에서 직접 물건을 날라 오고, 필요도 없는 100개들이 티라이트를 또 사는 식으로 그들의 애정에 보답하고자 열심인 한 말이다.

고객은 이케아 숭배의 일부가 되었다. 우리가 그 모든 과정에 참여해야 하기 때문이다. 이케아는 우리가 창고에서 물건을 고르고, 가구를 만들고, 집까지 가져가기 위해 낑낑대며 차 지붕 짐받이에 짐을 싣는 것이 다 우리 자신에게 유익한 학습이라고 생각한다. 그 역사적 뿌리는 스웨덴의 프로테스탄트 직업

윤리에 있다. 이러한 참여는 우리가 다른 어떤 브랜드보다 더욱 이케아라는 브랜드에 소속됨을 의미한다. 우리는 본질적으로 이케아 브랜드와 그 비즈니스 모델의 일부가 된다. 바로 우리 자신이 이케아의 가격이 그토록 싼 이유인 것이다.

어떤 면에서 이것이 이케아 배후의 핵심 아이디어이며 이케아가 다른 가구회사와 차별을 갖는 이유다. 집까지 가져가 물건을 조립하는 쇼핑 방식은 이케아만의 혁신이다. 이것이 그토록 값이 저렴한 이유이며 경쟁사들과 이케아를 차별화하는 점이다.

회사 내부에서는 이케아가 사람들의 성생활에 유익하다는 주장이 있는데, 남녀평등의 현대 세계에서 남자들의 수렵채집 본능을 다시 일깨우기 때문이란다. 그런 남자의 본능이 가구를 조립하도록 이끌고 평상시 집에 있을 때와는 다른 방식, 좀 더 전통적인 관점에서 자신을 바라보게 만든다는 것이다.

이케아에서 쇼핑하면서 스스로를 쓸모 있고 손재주 있다고 느끼는 것은 정말 사실이다. 당신은 그저 상점에 가서 물건을 사는 게 아니라 집을 위해 무언가 실질적인 일을 한다. 이케아는 우리의 손재주가 하찮다 해도 그 결과물에 뿌듯해할 여지를 제공한다. 그리하여 아이들 앞에서 빌리 책장을 조립하고 있는 것이다. 자신이 뛰어난 목수라는 환상에 빠진 채.

이케아는 나름의 신념체계와 살아 숨 쉬는 가치를 지닌 회사다. 그것이 이 글로벌 가구회사의 생명을 유지해준다. 그것이 이 회사의 정체다. 물론 당신은 이런 점을 이해해서 이케아 숭배에 동참할 수도 있고 또 그렇지 않을 수도 있다.

교묘한 속임수

그러나 이케아의 밝은 노란색과 파란색의 건물 정면 뒤에는 비밀스럽고 은밀한 조직이 놓여 있다. 이케아 매장에서 쇼핑을 할 때 당신은 마치 무대 뒤에 있는 듯 느낀다. 이 가구회사가 어떻게 일하는지 직접 보는 것만 같다. 하지만 실상은 그렇지 않다. 이케아는 당신이 커튼 뒤에서 엿보도록 허락하지 않는다. 진실을 가리는 온갖 술수가 난무한다. 이케아를 둘러싼 아주 많은 이야기와 도시 괴담이 있다. 그중 상당수가 조직 내부에서 회자된다. 이케아는 기업 소식을 들을 때마다 늘 똑같은 구체적인 사실을 목도하게 되는 여느 다른 회사 브랜드와 같지 않다.

편안한 스웨덴 이미지 이면에는 엄격히 관리되는 고도로 효율적인 조직이 있다. 이 브랜드는 조종자의 감독 아래 조심스레 꼭두각시 연기를 한다. 이케아 측은 내가 이 책을 위해 이케아의 고위 의사결정권자들을 취재하는 데 처음에는 협력하겠다고 하더니 신경질적으로 마음을 바꾸었다. 책은 수명이 길기 때문이란다. 세계화 반대 시위자들의 표적이 되고 싶지 않다고도 했다.

그리하여 영국 크로이던에 있는 이케아 매장에서 나는 노란 셔츠를 입고 싱글대는 직원에게 카메라를 빼앗겼다. 그는 매장에서 사진 촬영을 하려면 본사의 특별 서면 허락이 있어야 한다고 했다. 1960년대에 이케아와 가까웠던 스웨덴 작가 두 명에게 인터뷰를 요청했는데 정중하지만 단호하게 거절당했다. 이케아 직원, 이케아와 가까운 사람들을 수없이 인터뷰했지만 모두 남몰래 속삭이듯, 오프더레코드로 진행하기를 원했다. 스웨덴의 한 경제부 기자는 스웨덴인들을 인터뷰할 때는 책이 아니라 신문기사를 쓰고 있다고 말하라고 충고했다.

이제부터 이케아의 긴 이야기가 펼쳐진다. 이것은 야심 찬 한 스웨덴 가구상의 겉모습 이면을 파헤치는 독자적인 설명이다. 쇼핑 카트가 어떻게 소파로 만들어졌는지, 플랫팩 가구의 발명이 산업에 어떻게 혁명을 가져왔는지, 어떻게 한 사람의 비전이 전 세계가 인테리어에 열광하는 현상을 낳게 했는지에 관한 이야기를 들려준다.

잉바르 캄프라드 : 위대한 디자이너

GREAT BRAND STORIES
GREAT IKEA!

A BRAND FOR ALL THE PEOPLE
ELEN LEWIS

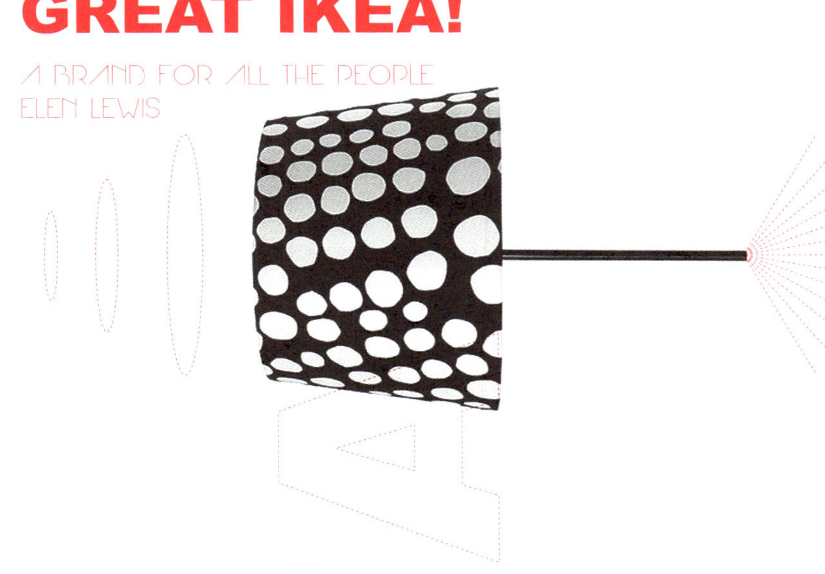

잉바르 캄프라드(Ingvar Kamprad)는 단순히 이케아의 얼굴일 뿐만 아니라 영혼이고 양심이다. 잉바르 캄프라드라는 이름은 누구나 아는 이름은 아니다. 그러나 그의 비전과 가치는 이케아의 생명줄이다. 이케아(IKEA)의 앞 두 자는 그의 이니셜에서 따왔고, 나머지 두 자는 그가 자란 스웨덴 남부 소나무숲의 농장과 마을 이름, 엘름타뤼드(Elmtaryd)와 아군나뤼드(Agunnaryd)에서 따왔다.

캄프라드는 비밀스럽고 은밀한 것으로 악명 높다. 자신이 설립해서 헌신적으로 키워온 회사에서 배후로 물러난 1986년 이후 캄프라드는 인터뷰를 거의 하지 않았다. 현대 스웨덴 디자인으로 전 세계를 장식한 이 위대한 디자이너는 살아 있는 전설이 되었다.

그의 은둔자적 침묵은 영원한 신화를 낳았다. 그의 절반은 괴팍한 은둔자이고, 절반은 대사제이다. 그는 또한 세계 최고 갑부로 불린다. 스웨덴의 경제지 『베칸스 아포레르』에 따르면 한때 캄프라드의 재산은 마이크로소프트의 빌 게이츠를 능가했다고 한다. 또 2008년 『포춘』지는 캄프라드를 세계 7위의 부호라고 평가했다.

이케아가 비상장기업인 만큼 진실은 비밀의 장막에 가려 있다. 캄프라드 재산의 상당 부분은 그가 여전히 이케아를 소유하고 있는지의 여부에 달렸다. 이케아는 자사의 소유주가 세계 최고 갑부라는 사실이 못마땅했다. 자신들의 서민적이고 검소한 이미지와 맞지 않기 때문이다. 회사는 즉각 성명서를 냈다.

"잉바르 캄프라드는 이케아 그룹의 소유자가 아닙니다. 1982년부터 이케아는 스티흐팅 잉카(Stichting INGKA) 재단의 소유입니다. 따라서 이케아 그룹의 가치평가에 근거해 추정한 잉바르 캄프라드의 개인 재산은 전적으로 사실과 다릅니다."

흥미롭게도 캄프라드의 재산에 대한 뉴스가 처음 알려진 며칠 후 2004년 4월 5일, 그는 이케아 동료들과 대리점에 편지를 보냈다. 그 이메일은 '잉바르, 그토록 부자라니 기분이 어떠십니까?'라는 밑줄 친 질문으로 시작된다. 캄프라드는 곧바로 자신의 막대한 재산에 관한 주장들을 강력히 해체하려고 시도한다.

"사실 아주 기분 좋습니다. 제 최고의 재산은 건강과 가족, 이케아의 훌륭한 동료들입니다. …… 아시다시피 저나 제 가족이 '소비중독'이라는 평판을 듣지는 않습니다. 돈 씀씀이를 아끼는 습관이 스몰란드에서 자란 제 영혼 깊이 뿌리박혀 있습니다."

당시 캄프라드는 계속해서 이 '재산'은 이케아의 200개 매장에 묶여 있으며 절대 팔지 않을 거라고 말했다. 그 계산은 이케아가 상장기업이 아님에도 그렇다고 가정하고 이루어진 것이라고 그는 지적했다.

"하지만 개인적으로는 그들이 이케아와 같은 환상적인 회사의 가치를 과소평가했다고 생각합니다. 이렇게 환상적인 동료들과 환상적인 비즈니스 아이디어와 환상적인 기업문화를 지닌 회사를요!!!"

캄프라드는 늘 하듯이 편지를 끝맺는다.

"저는 글을 끝맺을 때마다 늘 하고 싶은 말이 있습니다. '우린 막 시작했을 뿐입니다. 영광의 미래가 우리를 기다립니다!'"

1970년대 이후 저는 이케아의 동전 한 푼도 갖고 있지 않지만 회사와 함께 '성장'한 여러분 모두에게 여전히 강한 친밀감을 느끼며 사업의 모든 면에 아직도 참견할 수 있는 특권을 누리고 있어 기쁩니다. 저는 회사 일에 관여하고 목소리를 냄으로써 아직도 기여할 게 있다고 느낍니다. ……

우리가 번 돈은, 필요합니다. 우리가 계속해서 발전하려면, 궁할 때를 위한 대비 자금으로 쓰려면, 손실이 나고 있지만 장기적으로 좋은 결과를 낼 수 있다고 여기는 시장들에서 계속 일하려면, 돈이 필요합니다. 러시아와 중국이 좋은 예입니다. 3월 말 저는 러시아에 일주일간 있었는데 카잔에 새로 오픈한 우리 매장에 고객들과 정부 당국 모두 호의적인 반응을 보여 매우 기뻤습니다. 거기 있는 수많은 사람들을 위해 우리가 정말 큰일을 하고 있다고 자부하셔도 좋습니다. 몇 년만 지나면 재무성과도 좋아지리라고 확신합니다. ……

전 세계 이케아 동료 여러분, 즐거운 부활절 보내십시오.

2004년 4월 5일
잉바르 캄프라드 드림

그러나 캄프라드의 항변에도 불구하고 그는 부자다. 스위스 로잔의 커다란 대저택에서 살고 있으며(세금 때문이다), 프랑스 남부의 포도원도 소유하고 있다. 그는 1973년 스웨덴을 떠나 덴마크로 이주했으며 거기서 4년 동안 자녀들과 함께 머물렀다. 그가 스웨덴에서 덴마크로, 다시 스위스로 이사한 것은 스웨덴의 엄청난 세금 때문만이 아니라 자신이 엘름홀트(이케아 본사가 있다)에 머물면 회사의 골칫거리가 될 위험이 있다고 염려했기 때문이라고 말한 바 있다.

고객을 가장한 매장 시찰

캄프라드는 자신과 스웨덴 남부에 있는 이케아 본사 사이에 거리를 두려 애쓰지만 여전히 회사 일에 관여하고 있는 것이 사실이다. 그가 더 이상 이케아 운영에 날마다 적극적으로 참여하지는 않을지 모르나 절대로 마냥 내버려두지는 않는다. 그의 말을 빌리면, 그는 '사업의 모든 면에 여전히 참견할 수 있는 특권을 누리는' 것을 기뻐한다.

당신이 다음에 이케아를 방문했을 때 느릿느릿 찬찬히 매장을 둘러보는 80세 가량의 노인을 본다면 아마 그가 캄프라드 일지도 모른다. 자신의 비전이 제대로 돌아가는지 확인하기 위해 캄프라드가 예고없이 매장들에 불쑥불쑥 나타난다는 이야기는 유명하다. 그는 물건이 충분히 저렴한지 확인하기 위해 품목마다 가격을 확인하고 계산대에 서 있는 쇼핑객들에게 무엇을 샀는지 꼬치꼬치 캐묻는다.

영국의 한 다큐멘터리 프로그램[*5]에 60대 남성을 담은 소리 없는 흑백의 거친 화면이 비친다. 뚜렷한 광대뼈, 깔끔히 면도한 턱, 커다란 사각 안경, 굳게 다문 입술. 터틀넥 점퍼에 헐렁한 바지, 아노락(anorak, 모자가 달린 방한용 상의—옮긴이)을 입고 있다. 그 사람은 뒷짐을 지고 어슬렁거린다. 찬찬히, 느릿느릿. 그가 걷는 곳은 이케아 매장이며 그의 반짝이는 눈은 잠시도 가만있지 않는다. 위를 봤다 아래를 봤다, 다시 위로 아래로 좌로 우로.

15시간에 걸쳐 이케아 매장들 방문을 강행군하는 동안 캄프라드가 모종의 게임을 한다는 사실이 회사 내에서는 파다하게 알려져 있다. 그는 자기가 아내 마르가레타와 쇼핑하는 손님인 체한다(캄프라드가 1인 2역을 한다). 그리하여 시찰하는 동안 그는 아내가 옆에 있는 양 걷고, 아내에게 말하고 의견을 묻는다. 모든 전시실에서 그는 이 상상의 쇼핑 부부가 필요한 모든 걸 살 수 있는지 점검한다. 이를테면 이런 식이다.

"그래, 마르가레타, 이 소파는 어떻게 생각해? 이것에 대해 메모를 해야 하는데 펜이 어디 있지?"

이것은 마치 바이올린을 연주하기 전에 미세 조율을 하는 것과 같다.

캄프라드가 공식적으로 매장을 방문할 때는 사전에 미리 알리기는 하지만 불과 며칠 전에 알린다. 그래서 스태프들은 그의 시찰에 미처 대비할 시간이 없고 캄프라드는 매장의 참모습을 살펴볼 수 있다. 첫 트럭들이 부르릉거리며 들어오는 오전 6시부터 마지막 손님이 매장을 떠나는 밤 10시까지 캄프라드는 50년 전에도 그랬듯 이 사업의 구석구석을 속속들이 꿴다. 그는 아주 철저히 메모하며 그 메모는 종종 가격표의 크기에서 포스터의 배치까지 매장의 기본 디자인을 세세히 담은 것으로 15쪽 분량에 이른다.

쓸데없는 지출은 회사를 좀먹는 바이러스다

캄프라드가 이케아에 기여한 공헌 중 가장 오래 지속된 것은 그의 검소한 생활방식이 이케아의 비용에 그대로 반영되게 했다는 것이다. 캄프라드의 별난 절약 방법에 대한 온갖 소문이 스태프들 사이에 은밀히 오간다. 종이를 아끼려고 냅킨 자투리에다 중요한 메모를 한다는 둥, 녹슨 볼보를 몰고 여행을 한다는 둥, 레스토랑에서 점심을 먹는 대신 35페니짜리 핫도그를 사 먹는다는 둥.

이런 신화는 정말 많으며 그것이 사실인지 아닌지는 중요하지 않다. 그것은 이케아가 상징하고 믿는 조직문화를 알려준다. 캄프라드가 매장을 방문해 단돈 90페니짜리 머그잔들을 살펴보고는 이케아의 누군가를 호출하는 소리가 들린다. 그는 너무 비싸다며, 어떻게 해야 가격을 더 낮출 수 있을지 스태프들에게 묻는다.

캄프라드가 어느 매장을 방문했을 때의 이야기다. 그 매장에서 캄프라드는 의자 하나를 쓰레기장으로 내려보냈다. 매장 문이 닫힌 후, 그는 회의에 모인 모든 스태프를 그곳으로 오도록 했다. 그는 사람들을 굽어볼 수 있는 사다리에 오르더니 거대한 쓰레기통에서 자신이 극적으로 찾아낸 의자를 머리 위로 흔들어대며 그것을 내다 버렸다며 꾸짖었다.

"의자에 흠집이 있거나 망가졌어도 절대 폐기하면 안 됩니다. 더 싸게 팔아야죠."

캄프라드가 매장을 방문할 때마다 계산대에 줄지어 서 있는 이케아 고객들에게 질문을 한다는 이야기도 있다. 카트나 바구니의 물건들을 하나하나 만져보며 얼마나 주고 샀는지 묻는 것이다. 사람들은 당연히 그를 약간 미친 괴팍한 노인네라고 생각하지 자신들에게 질문하고 있는 노인이 이케아 창업자라고는 꿈에도 짐작하지 못한다. 그리고 나서 그는 사람들에게 묻는다.

"그래, 이게 그만한 값어치가 있을까요? 이 물건이 그 정도 돈을 낼 만할까요?"

압박에 못 이긴 한 여성이 쇼핑 바구니의 물건 중 한 개의 가격이 좀 과한 것 같다고 인정하면 캄프라드는 그것을 그 매장의 스태프에게 가격의 중요성에 관한 교훈을 가르칠 기회로 활용했다. 바로 이것이 이케아가 항상 고객 가치를 추구해야 하며, 이케아의 가격은 항상 적정해야 함을 보여주는 것이라고 그는 말했다. 이케아 고객이 싸게 샀다고 만족해하지 않는다면 그들이 만족할 때까지 가격을 내려야 한다고.

캄프라드는 끊임없이 이 흔치 않은 가치의 미덕이 이케아의 핵심이 되도록 몸소 본보기를 보였다. 호텔 냉장고에서 마실 것을 하나 먹으면 그것을 다시 채워놓으려고 동네 슈퍼마켓에 들르곤 했다. 호텔에서 파는 것보다 더 싸기 때문이었다. 그가 과일과 채소를 살 때 항상 오후에 장을 보는 것도 그편이 더 싸기 때문이었다. 캄프라드는 차를 렌트할 때에도 가장 싼 차를 빌렸다. 그래서 스웨덴의 혹한 속 눈길에서 그의 자동차는 종종 스키 회전 경기를 벌이곤 했다. 스노체인이나 스노타이어가 달린 차를 빌리지 않았기 때문이었다.

나는 바로 지난주에 런던에서 캄프라드를 만났던 사람과 이야기를 나눴다. 그들의 약속 시각은 오전 6시였는데 이케아 창업자는 20분 늦게 나타났다. 버스가 지연됐기 때문이었다. 이른바 세계 최고 갑부라는 캄프라드가 새벽 5시 반에 버스를 탄 것이다. 런던의 대중교통은 상황이 아주 좋을 때에도 별로 미덥지 못하며 더욱이 그처럼 이른 시간에는 잘 있지도 않다.

캄프라드가 북런던에 있는 브렌트 파크 매장을 방문하기 위해 영국에 갔을 때의 일이다. 그는 이코노미 클래스를 이용했고 도착해서도 지하철을 타고 런던을 돌아다녔다. 한편 브렌트 파크 매장에서는 환영파티를 준비한 채 캄프라드를 기다리고 있었는데 누구도 그가 어디 있는지, 언제 도착할지 알지 못했다. 결국 그는 버스를 타고 매장에 나타났다. 버스는 그가 스웨덴에서 돌아다닐 때도 가장 애용하는 수단이고 이제는 노인 무임 승차 혜택까지 누리고 있다.

북런던의 브렌트 파크 매장은 대중교통을 이용해서 가기가 거의 불가능하다. 지하철 노선의 거의 끝쪽이라 역에서부터 고속도로 교량들을 지나 한참을 걸어야 한다. 이케아 영국 지부를 방문하기 전 나는 가장 가까운 지하철역에서 택시를 타든지 차를 가지고 오라는 충고를 들었다. 아마 그렇게 늦은 시간 이케아 본부를 찾은 마지막 여성일 나는 겁 없이 걸어서 갔고, 도중에 강도를 당했다.

캄프라드가 엘름훌트의 초대를 받았을 때 이야기다. 그곳은 스몰란드의 작은 마을로 1953년 이케아의 첫 매장이 문을 연 곳이다. 마을 한가운데 캄프라드의 동상이 세워졌고 동상의 공식 제막식에서 그가 리본을 자르기로 되어 있었다. 때가 되자 캄프라드는 리본을 자르는 대신 조심스레 리본을 풀러 되감고는 시장에게 건네며 말했다.

"이제 이 리본을 다시 쓸 수 있겠군요."

과소비를 극단적으로 싫어했던 캄프라드 덕분에 이케아는 업계에서 가장 군살 없는 기업이 되었다. 스태프들은 출장 시 이코노미 클래스나 저가 항공으로 이동하고 싸구려 모텔에 묵어야 한다. 그것도 다른 동료들과 한방에서. 때때로 캄프라드는 돈을 아끼려고 스위스의 집에서 스웨덴까지 차를 몰고 가

- 그는 가급적 대중교통으로 이동하고 스웨덴에서는 노인용 무임 승차권을 이용한다.

- 그는 과일과 야채를 주로 오후에 시장에서 산다. 그편이 더 싸기 때문이다.

- 그는 호텔 냉장고에서 음료를 하나 마시면 대신할 것을 사러 슈퍼마켓에 간다.

- 그는 티백을 재활용한다.

- 그는 돈을 아끼려고 이따금 스위스 집에서 스웨덴까지 차를 몰고 간다.

- 그는 음주를 억제하기 위해 일 년에 세 번 금주한다.

- 그는 저녁 외식 비용으로 5파운드 미만을 지출한다.

- 그는 호화 호텔에서 묵느니 차라리 차에서 잔다.

- 그는 매장을 시찰할 때 아내와 쇼핑하는 상황을 가정한다.

- 그는 바지 뒷주머니에 커피 젓는 플라스틱 스푼을 갖고 다닌다.

기도 한다.

이케아의 전 직원이었던 사람이 들려준 이야기다. 다른 매니저들과 잉바르 캄프라드 그리고 그의 아들 중 한 명이 동행해 폴란드 공장으로 출장을 갔다. 그들은 차 석 대에 나눠 타고 가다가 길을 잃었는데 값싼 모텔을 찾을 수 없었다. 그 지역에서 빈방이라곤 값비싼 매리어트 호텔뿐이었고 캄프라드는 즉시 너무 비싸다며 거부했다. 그들은 그날 밤 모두 차에서 잤다.

이케아 사람들은 낭비에 대해 종말론적인 언어로 말한다. 이를테면 이런 식이다.

"쓸데없는 지출은 건강한 회사를 좀먹는 바이러스다."

그들의 사업이 더 낮은 비용에 의존하는 데는 근본적인 이유가 있으며 그것은 이런 내부의 엄격한 지출 제한을 통해서만 이해될 수 있다.

치명적인 실수

캄프라드는 언제나 이상주의자였으며 이런 이상주의가 그를 곤경에 처하게 했다. 1994년 그는 젊은 시절 친나치 조직에 연루되었음을 고백해야 했다. 캄프라드의 고백은 많은 스웨덴 사람들과 이케아 팬들에게 충격을 주었다. 캄프라드는 이 '인생 최악의 실수'를 몹시 후회한다고 말했다.

1940년대에 캄프라드는 나치즘을 공공연히 지지한 뉘스벤스카 뢰렐센(신 스웨덴 운동)의 회원이었으며 이 단체를 세우고 히틀러와 무솔리니를 우상화한 페르 앵달과는 친구가 되었다. 앵달과는 친분이 깊어 1950년 캄프라드가 첫째 부인 셰르스틴과 결혼할 때 초대하기도 했다.

캄프라드는 자신이 할머니의 영향을 받았다고 말했다. 그의 할머니는 체코 치하에서 박해받던 수데텐 독일인이었다. 수데텐 독일인은 보헤미아와 모라비아 지방에 살며 독일어를 사용하던 민족으로, 1918년 체코공화국이 새로 수립되면서 귀속되었다. 캄프라드의 할머니는 전쟁이 나고 손자가 태어나기 전에 체코슬로바키아의 수데텐란트 지역에서 스웨덴으로 이주했다. 스웨덴 기자 베르틸 토레쿨이 쓴 감상적인 느낌의 공식 전기에서 캄프라드는 이렇게 설명한다.[6]

"할머니는 대단히 위압적인 분이셨고 친독일 성향이셨다. 할머니가 나를 잘못된 길로 이끄셨다."

토레쿨은 캄프라드가 자신이 젊은 시절 나치즘에 가담한 것은 단지 실수였을 뿐이라고 주장하며 이케아의 동료 한 명 한 명에게 보낸 편지의 내용을 자세히 들려준다.

"여러분에게도 젊은 시절이 있었을 것입니다. 그리고 오랜 시간이 흐른 후 이제 와 돌이켜보면 젊은 시절 저질렀던 어처구니없고 어리석은 짓들을 발견할 것입니다. 그런 면을 고려하신다면 저를 이해해주실 수 있을 것입니다."

편지는 효과가 있었다. 이케아 스태프 수백 명은 그를 지지한다는 편지에 서명해서 그의 사무실에 팩스로 보냈다.

"잉바르, 언제든 당신이 필요로 하실 때 저희가 있겠습니다. 이케아 가족 일동."

토레쿨에 따르면 그다음은 이렇다.

"그 가족의 아버지는 감정을 주체 못하고 아이처럼 흐느껴 울었다."

BBC 다큐멘터리의 거친 화면에서 카메라는 캄프라드의 주름진 얼굴이 스크린을 꽉 채울 때까지 줌인한다.[7] 그는 천천히 나직하게 말하고 있는데, 내내 카메라를 바라보지 않다가 나치라는 말을 하면서부터 정면을 향해 똑바로 응시한다.

"젊었을 때 저는 큰 실수를 저질렀습니다. 저는 나치에 영향을 받았습니다. 그래서 저는 제 동료들에게 용서를 빌었습니다. 그것은 실수였고 그때 저는 어렸습니다. 하지만 50년 전 일이고 저만 그랬던 건 아닙니다."

알코올 중독

캄프라드의 비밀은 이것만이 아니다. 1998년 이케아의 설립자는 지난 30년 동안 자신이 음주 문제를 겪고 있음을 인정했다. 한 기자회견에서 그는 완전한 알코올중독자가 되지 않기 위해 일 년에 세 차례, 한 번에 3~4주 기간으로 금주를 한다고 기자들에게 말했다.

"스웨덴에는 저와 같은 상황에 처한 사람이 많습니다. 신장과 간을 말끔히 씻어내야 하지요."

그에게 음주가 문제가 되기 시작한 것은 이케아가 처음으로 폴란드에서 물건을 구매하기 시작한 1960년대 초였다. 그곳에서는 '보드카 마시기가 거의 필수'였단다. 셰르스틴과의 첫 결혼생활이 파탄이 나기 시작한 것도 그즈음이었다. 하지만 시골에서 자란 그에게 음주문화는 본질적인 요소이기도 했다. 스몰란드의 젊은이들은 흔히 춤추기 전 꿀과 설탕과 감자를 혼합해 발효시킨 블로데르를 마신다. 캄프라드와 한 고향에서 자란 여성과 이야기를 나눴는데 그녀의 가족은 그가 젊었을 때를 잘 기억하고 있었다. 그녀는 가족들이 그에 대해서 '술을 많이 마시고 아는 체는 별로 하지 않던 아주 원시적인 사내'라고 말했었다고 회상했다.

캄프라드의 중독은 통제 가능한 수준으로 보이지만 스웨덴의 이케아 사무실에서 알코올은 금지다. 한 직원은 '그의 이력' 때문에 구입한 와인을 차에 놔두곤 했다고 회상한다. 하지만 그럼에도 불구하고 직원들은 캄프라드에게 애정을 품고 있으며 자신들의 '위대한 리더'를 용서한다.

그들 중 많은 이들이 그가 젊은 날 겪은 고생과 가혹한 환경을 음주에 대한 해명으로 언급한다. 누군가는 말한다.

"지금보다 그때 그는 더 거칠었습니다. 아주 아슬아슬한 때도 있었겠죠. 하지만 그럴 수 밖에 없었던 게 부양해야 할 아이가 셋이나 있었으니까요."

또 어떤 이는 그를 절반은 기업가, 절반은 사이코패스라고 묘사한다.

"그래서 그가 창의적이기도 하지만 강박적이기도 한 거죠."

이케아 직원들은 저마다 캄프라드에 대해 하고 싶은 이야기가 있는 듯하다. 커피를 젓는 플라스틱 스푼을 바지 뒷주머니에 늘 가지고 다닌다거나, 티백을 재활용한다거나 하는. 혹자는 말한다.

"아주 재밌는 사람이에요. 평소에는 잘난 체하지 않아 거의 못 알아볼 정도죠. 회의때는 보통 서른 명쯤 모이는데 그가 와서 일장 훈시를 하죠. 대단한 능변가에요. 열정적이고 생각도 깊고. 모두들 귀 기울이고 존경하게 되지요."

이케아의 전지전능한 존재

1986년 캄프라드가 이케아 그룹 사장에서 물러나자, 후임인 안데르스 모베리는 처음으로 회사에 시스템을 확립해야 했다. 캄프라드는 이케아라는 기업의 기억장치이기도 했다. 그는 10년 전 주문받은 제품의 수량에서 어느 공장장의 딸 결혼식에서 있었던 세세한 내용까지 글자 그대로 전부 다 기억했다. 하버드 비즈니스 스쿨과의 인터뷰에서 한 중역은 이렇게 회상했다. 캄프라드는 600개의 물품으로 이루어진 제품군에서 특정 제품에 대해 물었을 때 그것의 가격, 원자재, 비용을 알았고 동료들도 그렇게 알기를 기대했노라고.[8]

공식적으로 캄프라드는 이케아에서 더 이상 활동하지 않으며 뒷자리로 물러났다. 하지만 실제로 그는 모든 것을 알고 있으며 모든 새로운 변화는 그에게 보고되어야 한다. 그가 알지 못하거나 좋아하지 않는다면 바꿔버릴 것이다. 한 직원은 스웨덴의 이케아 매장에서 레이아웃 변경에 대한 공식 지침을 어떻게 전달받는지 내게 말해주었다. 한번은 지침에 따라 매장의 모든 레이아웃이 바뀌었다. 그런데 일 년 후 설립자가 새로운 레이아웃을 맘에 들어 하지 않는다는 또 다른 공식 메모가 도착했다. 그리하여 모든 것이 다시 예전 그대로 변경되었다. 이것은 유일한 사례가 아니다. 유럽 매장의 한 관리자가 내게 말했다.

"우리는 반드시 준수해야 하는 공식 지침을 전달받습니다. 그에 따라 모든 걸 바꾸지요. 그러나 그러고 나면 새로운 메모가 오는데 2주 전 받은 메일은 무시하고 하던 걸 그만두라는 내용입니다. 캄프라드가 '절대 안 돼'라고 말했기 때문이지요. 대개 책임자들이 2주 후에 그에게 아이디어를 프레젠테이션하면 그는 '아니, 우리는 이런 식으로 계속 일해야 합니다.'라고 말합니다. 그런 일이 벌어지면 그들은 논쟁하려 하지 않고 '알겠습니다.'라고만 합니다. 설립자가 원치 않으니까요. 그들로서는 아주 부끄러운 일이죠. 명목상으로는 모든 지침을 정하는 건 바로 그들이니까요."

이케아가 캄프라드의 허를 찌를 때에도 그는 다시 원상태로 돌려놓을 방법을 기어코 찾아낸다. 내가 들은 이야기에 의하면 캄프라드는 이케아 스웨덴의 디자이너들이 신제품을 구상하기까지 너무 오랜 시간이 걸리는 게 못마땅했다. 그래서 제품 개발 회사를 손수 차렸다.

그 회사는 그의 가족이 소유하고 있는 이카노 그룹의 계열사로 세워졌다. (이카노는 테렌스 콘란이 세운 영국 가정용 가구 인테리어 체인점으로 해비타트 사의 대부분도 소유하고 있다.) 스위스에 있는, 직원이 다섯 명뿐인 이 회사는 당시 엘름훌트의 신제품 개발팀들과 경쟁했다. 이카노 팀은 신제품을 적시에, 낮은 비용으로 출시하려고 노력한다. 한 직원은 확언한다.

"그러니 긴장을 늦추어선 안 됩니다. 항상 더 열심히 노력해야 해요. 안 그러면 캄프라드만 신이 나게 할 테니까요."

캄프라드가 더 이상 이케아 공식 회의 석상에 나타나지 않을지라도 그는 전지전능한 존재처럼 각 매장 위를 맴돈다. 아주 사소한 일 하나하나까지 지켜보면서. 이케아에서 평생을 일한 한 직원은 농담처럼 말한다.

"여전히 잉바르 캄프라드가 사장이지요."

캄프라드는 언제나 이케아에 관한 모든 것을 알고자 할 것이다. 이케아는 그가 60여 년간 만들고 키운 비전이기 때문이다. 그는 퇴진했지만 여전히 이 사업에 지나칠 정도로 관여하고 있다.

캄프라드 가족이 소유한 해비타트 사에 대한 간략한 소개

1964 런던 풀럼 로드에 테렌스 콘란이 최초의 해비타트 가게를 오픈하다.

1960년대 중반 힐스나 해러즈 같은 백화점보다 싼 가격에 새로운 디자인을 공급해 대학 교육을 받은 중산층들에게 실내장식의 총아가 된다.

1965 해비타트, 통신판매 카탈로그를 시작하다.

1966~7 런던의 토트넘 코트로드, 킹스턴, 맨체스터에 해비타트의 새 매장을 오픈하다.

1973~6 벨기에, 프랑스, 뉴욕에 매장을 오픈하다.

1981 해비타트, 런던 주식시장에 상장되다.

1982 마더케어 사와 합병해 해비타트 마더케어 유한책임회사가 되다.

1983 해비타트 마더케어가 힐스 백화점과 리처드 패션숍을 인수하다.

1985 해비타트, 8개국에 매장을 내다.

1986 해비타트 마더케어와 BHS가 합병해 스토어하우스 사가 되다.

1989 테렌스 콘란이 새로 공동책임을 맡을 만큼 해비타트가 곤경에 처하다. 그러나 콘란은 그해를 마지막으로 레스토랑에 전념하기 위해 떠난다.

1990 스토어하우스가 콘란 숍과 힐스를 매각하다.

1992 스토어하우스가 해비타트를 스티흐팅 잉카 재단과 이카노(IKANO) 그룹에 매각하다. 모든 매장은 나중에 캄프라드 가족이 소유한 이카노 그룹에 팔린다.

1994~7 새로운 해비타트 매장들이 독일, 이탈리아, 타이에서 오픈하다.

1998 톰 딕슨, 해비타트의 수석디자이너로 임명되다.

2000 해비타트의 유럽 78개 매장에서 4억 1700만 유로의 매출을 올리다.

GREAT BRAND STORIES
GREAT IKEA!
A BRAND FOR ALL THE PEOPLE
ELEN LEWIS

이케아의 T와 A
- 아군나뤼드의 엘름타뤼드 농장

3

잉바르 캄프라드의 할아버지 아심 에르드만 캄프라드와 할머니 프란시스카는 1896년 독일에서 스웨덴 남부로 이민했다. 세 살 난 프란츠 페오도르(그가 캄프라드의 아버지다)와 12개월 된 둘째 에리크 에르빈과 함께였다. 아심은 독일 사냥잡지에 난 광고를 보고 실제로 본 적도 없는 스몰란드의 숲을 사들였다.

손자가 그랬듯 아심 캄프라드도 태생적으로 나무를 좋아했는데, 아심의 아버지 역시 숲에서 일했기 때문이었다. 하지만 캄프라드 가족은 스웨덴어를 한마디도 할 줄 몰랐고, 거대한 숲은 훨씬 많은 투자가 필요했다. 이 스웨덴 해변에 도착한 지 일 년 만에 아심은 지방 은행으로부터 꼭 필요한 대출을 거절당했다. 충격과 절망에 빠진 아심은 개들을 쏴 죽인 후 자신도 쏴버렸다. 임신한 아내와 어린 아들 둘을 이국땅에 남겨둔 채.

아심의 어머니가 며느리를 돕고 손자들이 궁핍해지지 않게 하려고 독일에서 찾아와 다행히 땅은 잃지 않을 수 있었다. 큰 손자 프란츠 페오도르는 25세가 됐을 때 땅의 운영권을 물려받았다. 그는 그 지역 가게주인의 딸 베르타 닐손과 결혼했다. 베르틸 토레쿨의 《디자인으로 세상을 이끌다》에 의하면 잉바르 캄프라드는 1926년 엘름홀트의 변두리에 있는 화이트 크로스 조산소에서 태어났다.[*9]

캄프라드는 아주 어렸을 때부터 사업가의 본능을 발전시켰다. 다섯 살 때 그는 이모의 도움을 받아 스톡홀름의 한 가게에서 성냥 100갑을 산 다음 하나씩 이윤을 붙여 팔았다. 나이가 들면서 그는 크리스마스카드, 벽걸이 장식품, 월귤(越橘), 생선, 볼펜 등을 팔았다. 이케아 내부에서는 당시 기존의 크리스마스카드를 팔던 나이 든 여인들보다 나이 어린 잉바르가 자전거를 더 빨리 몰았기 때문에 사람들의 집에 먼저 도착해 카드를 팔았을 거라는 말이 농담처럼 떠돈다.

그가 열 살 무렵 키 작고 마른 소년일 때의 흑백사진 한 장이 있다. 반바지 차림에 맨가슴이 드러난 채 환히 웃으며 카메라를 쳐다보는데 햇빛에 부신 듯 눈을 찡그리고 있는 사진이다. 사진 속의 소년은 나무로 만든 장난감 차의 보닛에 쭈그리고 앉아 있고, 여동생 키르스틴은 운전석에 앉아 있다.[10]

캄프라드가 항상 고되게 일만 했던 건 아니다. 영국 신문 『가디언』에 소개된 이케아 내부 자료에 따르면 그가 지금까지 지니고 있는 알람시계를 선물 받기 전까지는 그는 게으른 10대였다고 한다. 이야기는 이렇다.

어린 시절 잉바르 캄프라드는 항상 마지못해 침대에서 일어나 아버지 농장의 소젖을 짜러 갔다. '이 게으른 놈아, 언제 정신 차릴래?' 아버지는 말하곤 했다. 그러던 어느 생일에 잉바르는 선물로 알람시계를 받고 '이제부턴 정말 새로운 인생을 살 테야.'라고 결심했다. 그는 6시 20분 전으로 알람을 맞추고 '끄기' 버튼은 아예 없애버렸다.[11]

캄프라드의 부계 혈통이 타고난 나무꾼이었다면, 모계 쪽은 타고난 장사꾼이었다. 캄프라드의 외할아버지 칼 베르나르드 닐손은 자신의 이름을 내세운 엘름훌트에서 가장 큰 잡화점을 경영했다. 이제 그 가게는 남아 있지 않지만, 1960년대에 캄프라드는 외삼촌으로부터 그 건물과 주변 부지를 사들여 엘름훌트 역 바로 맞은편에 위치한 그 터에 이케아 사무실을 세웠다.

이케아 카탈로그의 탄생

1943년 17세 때 잉바르 캄프라드는 아버지가 공부를 잘했다고 상으로 준 돈으로 이케아를 세웠다. 그는 사업가가 지녀야 할 야심과 고테베리 상업학교에서의 학업이라는 두 마리 토끼를 모두 잡으려고 했다. 학교에서 그는 유통의 중요성과 공장에서 고객에게까지 제품을 운송하는 가장 간단하고 저렴한 방법을 찾는 법을 배우기 시작했다.

엘름홀트에는 헛간이 하나 있다. 약 2제곱미터의 작은 녹색 건물로 문은 흰색이고 천장은 둥글다. 전에 우유통을 보관하던 창고였다. 이곳이 캄프라드가 초창기 사업을 시작한 곳이다. 그곳에 식탁용 매트, 담배 라이터, 손목시계, 장신구, 나일론 스타킹은 물론이고 만년필, 지갑, 액자 등 어린 캄프라드가 할인가에 팔 수 있다고 찾아낸 것은 무엇이든 쌓아놓았다.

1945년 캄프라드는 각개격파식으로 방문판매를 하는 게 버거워지자 지방 신문에 광고를 하고 엘름홀트의 창고에서 임시 통신판매 카탈로그 작업을 하기 시작했다. 돈을 절약하기 위해 그는 배송 수단으로 지역 우유배달차를 이용했다. 우유배달차가 물건들을 기차역으로 배달했다.

3년 후 캄프라드는 처음으로 가구를 취급하고 광고를 하기로 결심했다. 지역 내의 소규모 가구 제조사들을 활용할 작정이었다.

그의 첫 번째 가구는 루스라는 이름의 걸상과 커피테이블이었다. 얼마 후 잉바르는 소파침대와 컷글라스 샹들리에를 추가했고, 이 모두를 〈이케아 뉴스〉라는 통신판매 브로슈어에 수록했다. 가구는 성공적이었다. 캄프라드의 부모와 친척들이 주문량을 포장하기 위해 그를 도와야 할 정도였다.[12]

캄프라드의 신출내기 사업이 전후 호황 덕을 보기는 했지만, 스웨덴 사회는 변하고 있었다. 주문 제작한 가구를 대대로 물려주던 전통이 저렴한 새 가구를 찾는 젊은 주택소유자들로 대체되고 있었다. 수요는 증가하고 있었지만 스웨덴의 가구회사들과 판매점들은 고가 정책을 유지했다. 1935~1946년 사이 가구 가격은 다른 어느 가재도구보다 빨리 올라 41퍼센트나 인상되었다.[13]

1949년 캄프라드는 〈이케아 뉴스〉를 농부들이 보는 주간 전국지에 배포하기 시작했다. 이 신문의 구독자는 28만 5,000명이었고 이케아로서는 최초의 대중과의 만남이었다. 그 브로슈어에는 미래 이케아의 방향과 비전에 대한 힌트가 담겨 있었다. 돈을 아끼려는 농부들의 상식과 필요에 호소한 것이다. 그것은 2년 후 출간된 이케아 첫 카탈로그의 원형이기도 했다. 신문은 이렇게 시작된다.

"농촌 주민 여러분, 살림살이 많이 힘드시죠? 왜 그럴까요? 여러분이 수많은 농산물을 생산해내어도 그 대가에는 한참 못 미치고, 다른 물가는 엄청나게 비쌉니다.
상당 부분 이것은 중간상인 때문입니다. …… 이러한
가격표대로 저희는 판매점의 구입가와 똑같은 가격, 때
로는 더 낮은 가격으로 제품들을 공급함으로써 올바른
방향으로 한 걸음 한 걸음 나아가려 합니다.”*14

1951년 잉바르 캄프라드는 이케아를 가구회사로 만들기 위
해 중대한 결정을 내린다. 다른 제품은 모두 버리고 대규모로
저가 가구에 주력하기로 한 것이다. 그는 말라버린 만년필들
과 여전히 지하실에 보관 중이던 크리스마스카드 등 재고들
을 처리했다.

잉바르가 이런 비즈니스 모델을 택하게 된 건 다리미판 때문
이었다. 이케아는 멜비 다리미판으로 경쟁사인 군나르스와 가
격 전쟁을 벌였다. 이케아가 23크로나에 다리미판을 팔면 군
나르스는 22.50크로나로 가격을 내렸고, 그러면 이케아는 다
시 22크로나로 내리는 식으로 경쟁이 계속되었다. 다른 가구
도 마찬가지였다. 가격 전쟁은 제품 품질에 영향을 미쳐 고객
불만이 폭주했다. 캄프라드와 이케아의 첫 직원 스벤 고테는
이케아가 가격 인하와 품질 저하의 악순환에서 벗어나 다시 고
객의 신뢰를 얻을 수 있도록 고군분투하였다. 그들은 고객들
이 가구를 구매하기 전 직접 만져보고 살펴볼 수 있는 전시실
을 엘름훌트에 열기로 했다. 최근호의 카탈로그 뒷면에 그들

은 이렇게 적었다.

"엘름훌트에 오셔서 직접 확인하세요……."[*15]

1953년 3월 18일, 캄프라드가 단돈 1만 3,000크로나에 구입한 엘름훌트의 낡은 목공소에 가구 전시장이 문을 열었다. 2층 건물로 위층에서는 공짜 커피와 빵을 대접했다. 개업식에는 1,000명 이상이 참석했으며 그들은 카탈로그를 받고 가구들을 둘러보고는 주문서를 작성했다.

당시 제공되었던 커피와 빵은 이후 성공적인 이케아 식당의 본보기가 되었으며, 현재 한 해에만 1억 5000만 개의 미트볼이 팔린다. 캄프라드는 "아무리 좋은 사업도 공복으로는 할 수 없다."고 철석같이 믿었다. 아주 빠른 속도로 이케아는 엘름훌트의 최고 관광 명소가 되었으며 스웨덴 전역에서 사람들이 찾아왔다. 이케아는 스웨덴 철도청과 손잡고 손님들의 운임을 할인해주었으며 주위에 고객들을 위한 호텔과 식당을 세웠다.

보이콧

일 년 후 1954년 이케아의 매출은 300만 크로나로 급등했고, 이듬해에는 다시 그 곱절이 되었으며, '꿈의 가격으로 꿈의 집을'이라고 선언하는 카탈로그가 50만 부나 배포되었다. 이케아의 성공은 눈길을 끌었고 스웨덴의 가구상들은 이케아의 저가 정책에 분노했다. 한 경쟁업자는 지역신문『스몰란드 포스텐』에 이런 광고를 냈다.

> "꿈의 가격에 산 꿈의 집이 너무 비싸게 준 까치집으로 드러났다면, 다음번엔 저희에게 오십시오."*16

경쟁사들은 이케아를 보이콧하도록 공급업자들을 압박했다. 일부 공급업자들은 바로 캄프라드와 거래하기를 거부했고, 다른 공급업자들은 배달주소를 다르게 기재하거나 야음을 틈타 물건을 배달하거나 감시를 피해 제3의 장소에 배달했다. 전국가구상연합이 이케아에 계속 판매를 하는 공급업자로부터는 구매를 전면 중단할 것이라고 협박하는 최후통첩을 보냈다. 급기야 이케아와 캄프라드 개인 모두 산업박람회 입장이 금지되자 캄프라드는 볼보 뒷자리에 실은 둥글게 만 카펫에 숨어 몰래 입장하기도 했다.

신생 회사로서는 힘든 시절이었다. 캄프라드는 새로운 회사들을 설립해 이러한 압박을 비껴가는 식으로 산업박람회에서 가구를 팔기 위해 줄기차게 노력했다. 또한 이러한 보이콧은 공급업자들과 계속 일하기 위해 기성 제품에 의존하는 대신 이케아가 자체 가구 디자인을 하도록 이끌었다.

이 무렵 캄프라드는 스웨덴 남부 말뫼에 있던 광고회사 출신의 젊은 디자이너 일리스 룬드그렌을 이케아의 네 번째 직원으로 채용한다. 그는 캄프라드가 가구 디자인하는 것을 도왔고, 새로운 카탈로그용 사진을 찍었으며, 물론 직접 가구를 디자인하기도 했다. 이케아가 제조업체로서 보이콧을 타개할 방법은 이제까지와는 전혀 다른 가구를 만드는 것이었다.

룬드그렌이 이케아에 한 가장 중요한 공헌은 플랫팩 가구의 발명이었다. 테이블을 차에 집어넣으려고 애쓰다가 그것이 차지하는 빈 공간이 불만이었던 그는 급기야 테이블 다리를 잘라버렸고, 이렇게 해서 플랫팩 가구가 탄생하게 되었다. 그때부터 줄곧 이케아의 디자인은 플랫팩 가구, 곧 납작하게 상자에 포장될 수 있는 가구를 지향했다. 1953년 카탈로그에 막스라는 이름이 붙은 이케아 최초의 조립식 테이블이 등장한다. 이케아 사업의 부품들이 모두 디자인된 것이다. 이제 이들을 나사로 한데 조이기만 하면 되었다.

초창기 이케아 연표

1926 이케아 설립자 잉바르 캄프라드 태어나다.

1943 잉바르 캄프라드, 이케아를 창립하다. 이케아는 창립자 이니셜(IK)과 그가 자란 농장(엘름타뤼드)과 마을(아군나뤼드) 이름의 첫 글자를 따서 지었다.

1945 이케아의 첫 광고가 지방 신문에 게재되다.

1948 이케아 취급 품목에 가구가 포함되다.

1949 이케아 최초의 브로슈어 〈이케아 뉴스〉가 주간신문의 부록으로 농부들에게 발송되다.

1951 잉바르 캄프라드, 저비용 가구에 주력하기로 결정하다. 최초의 이케아 카탈로그 출간되다.

1953 이케아 최초의 가구 전시관이 스웨덴 남부 엘름훌트에 열리다.

1955 경쟁사들이 이 저가 가구회사를 보이콧하도록 공급업자들을 압박하자 곤경에 처하다. 이케아, 자체 디자인 가구를 생산하기 시작하다. 플랫팩 가구가 발명되다.

1958 이케아 첫 매장을 엘름훌트에 오픈하다. 6,700제곱피트로 당시 스칸디나비아 최대의 가구 전시장이었다.

1963 이케아 최초의 해외 매장을 노르웨이에 오픈하다.

1965 이케아의 두 번째 스웨덴 매장이 스톡홀름에 오픈되다.

1973 이케아 최초의 비(非)스칸디나비아 매장이 스위스에 문을 열다.

1974 이케아, 독일 뮌헨에 매장을 오픈하다.

독일 시장을 공략하다

1958년 이케아는 엘름훌트에 첫 매장을 열었다. 6,700제곱피트 넓이로 당시 스칸디나비아 최대의 가구 전시 공간이었다. 1961년 이 예상 밖의 지역에서 이케아의 사업은 날로 번창

해갔다. 매출이 평균 가구상점의 80배를 웃돌았다. 4년 후 스톡홀름 외곽에 두 번째 매장이 문을 열었으며 이곳이 이후 모든 이케아 매장의 본보기가 되었다. 넓은 주차 공간, 모든 걸 고객이 직접 해야 하는 휑한 대형 할인매장 스타일의 전시실이었다.

1963년 이케아는 처음으로 스웨덴 외부에 매장을 개점했다. 노르웨이의 오슬로 변두리였다. 1969년에는 덴마크의 첫 이케아 매장이 문을 열고 1965년부터 1973년까지 스칸디나비아 지역에 7개의 신규매장이 오픈되었다. 하지만 캄프라드의 야심은 더 먼 곳을 바라보고 있었다. 그는 스칸디나비아 생활양식을 전 세계를 상대로 팔고자 했다.

그는 먼저 유럽 최대의 가구시장인 독일어권 국가들의 공략에 나섰다. 이케아 신화에 의하면 캄프라드가 1973년 이케아의 첫 시장으로 스위스를 고른 것은 그곳이 깨뜨리기 가장 어려운 지역이라고 생각했기 때문이라고 한다. 튼튼하고 어두운 색의 전통 목재가구를 선호하는 스위스인들에게 이케아 가구를 사도록 설득할 수 있다면 그 누구라도 설득할 수 있다고 여긴 것이다.

신규시장 진입을 지원하기 위해 이케아는 '기묘한 발상을 하는 스웨덴인'을 다룬 재미있는 이색 광고로 자사를 홍보했다. 이 광고는 효과를 발휘했고 이듬해 캄프라드는 서독 뮌헨에 첫 매장을 오픈한다. 비슷한 스타일의 광고와 저렴한 가격과 신속한 배달 서비스에 대해 홍보를 하자 개업 3일 만에 3만 7,000명의 고객이 매장을 방문했다.

당시 독일은 유럽 최대의 가구시장일 뿐 아니라 최대 생산국이자 수출국이기도 했다. 당연히 독일의 소매상들은 이케아의 진출에 강력히 항의했다. 그들은 이케아의 공격적인 광고의 사실 여부를 따지는 법적 행동에 나섰고 이 스웨덴 가구의 인증마크인 '모벨파크타'는 독일 가구회사와 같은 엄격한 기준을 충족시키지 못한다고 항변했다. 이러한 저지에도 불구하고 이케아는 독일에서 선풍을 일으키며 진출 5년 만에 10개의 신규매장을 오픈했다.

이케아라는 비밀 조직의 실체

아마도 이케아가 초기에 스웨덴과 독일에서 맞닥뜨렸던 적대적인 반응들 때문에 캄프라드는 지금과 같이 얽히고설킨, 알아보기 힘든 사업구조를 만들었을 것이다. 이케아와 이를 둘러싼 사업체들은 복잡한 비밀의 장막에 가려져 있다. 이케아의 직원들조차 회사의 이 깊은 미로를 완전히 파악하지는 못하는 것 같다. 이러한 모델은 1970년대에 고안되었고, 1980년대에 보완되었다.

이케아 그룹은 네덜란드에 등록되어 있는 자선재단인 스티흐팅 잉카 재단의 소유다. 이 재단이 이케아 그룹 계열사 전체의 모회사(母會社)인 잉카 홀딩(Ingka Holding)을 소유한다. 잉바르 캄프라드, 아들 페테르 캄프라드, 한스 고란 스텐네르트, 얀 L. 칼손, 고란 린달, 칼 빌엘름 로스, 브루노 빈보리가 잉카 홀딩의 이사회에 앉아 있었다. 스티흐팅 잉카는 테렌스 콘란이 세운 가구 소매점 해비타트의 지분 25퍼센트도 소유하고 있다. 해비타트의 나머지 지분은 캄프라드의 아들들이 소유한 이카노 그룹이 가지고 있다.

전 세계 이케아 매장들만이 독점적으로 사용할 수 있는 이케아의 콘셉트, 상표권, 제품 디자인 등 지적재산권은 인터 이케아 시스템스(Inter Ikea Systems)라는 별도의 회사가 갖고 있다. 만약 어느 매장 매니저가 표준 콘셉트에서 벗어나려고 한다면, 예를 들어 아이들 놀이방을 없애거나 조그만 식당을 하나 만들려고 한다면 인터 이케아 시스템스에 서류를 보내 허락을 받아야 한다.

이 주제에 관한 책을 쓴 스웨덴 기자 스텔란 비오르크에 의하면 문제는 인터 이케아 시스템스의 실소유주가 누구인지 알아내기가 어렵다는 데 있다. 《디자인으로 세상을 이끌다》에서 베르틸 토레쿨은 그 회사가 인터 이케아 그룹이라는 룩셈부르크에 있는 모회사의 소유이며 이 그룹은 국내 은행 하나와 다른 저작권 회사도 가지고 있다고 털어놓는다. 그는 또한 캄프라드의 세 아들이 인터 이케아 시스템스의 모회사에 이사로 재

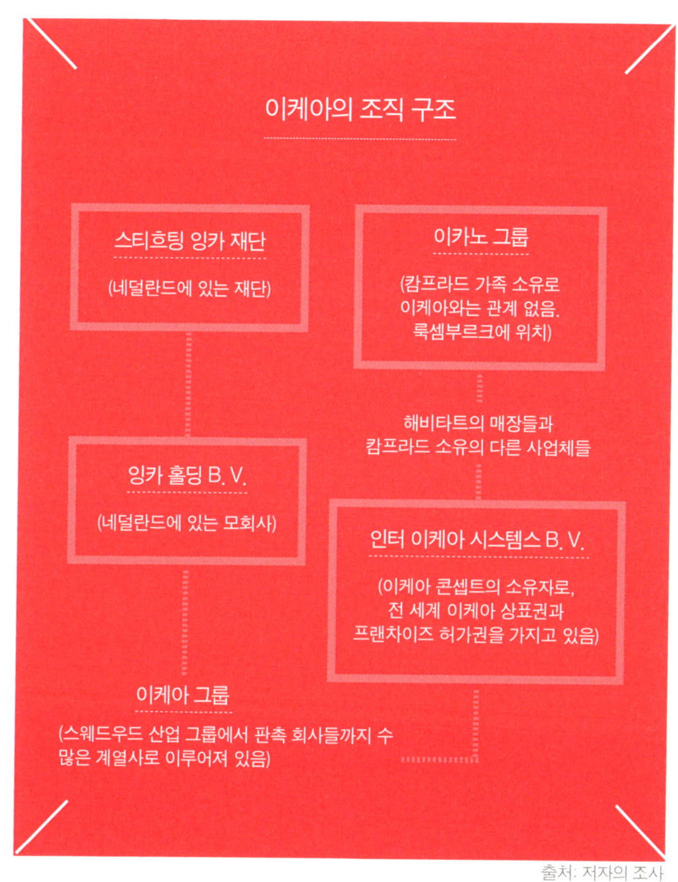

출처: 저자의 조사

직하고 있다고 적고 있는데, 헷갈리게도 그 회사는 인터 이케아가 아니라 시스템 홀딩스(System Holdings)라고 말한다. 하지만 이곳은 재단이기 때문에 캄프라드의 아들들이 이케아의 콘셉트를 관리할 수는 있어도 소유할 수는 없다.[17]

  캄프라드 제국의 복잡한 구성은 그 설립자의 강한 회복탄력
성과 생존감각을 여실히 보여주는 또 하나의 사례다. 그에게
는 이런 난해한 구조가 주식시장 상장, 적대적 기업인수, 상속
세 등의 위험으로부터 회사를 지킬 수 있는 수단이었다. 또한
교묘한 술수이긴 하지만 그 때문에 그의 가족이 계속 회사를
소유할 수 있었다. 이케아가 판매하는 가구들과 달리 캄프라
드의 비전은 분해 자체가 불가능해 보인다.

스몰랜드, 돌담,
그리고 이케아의 언어

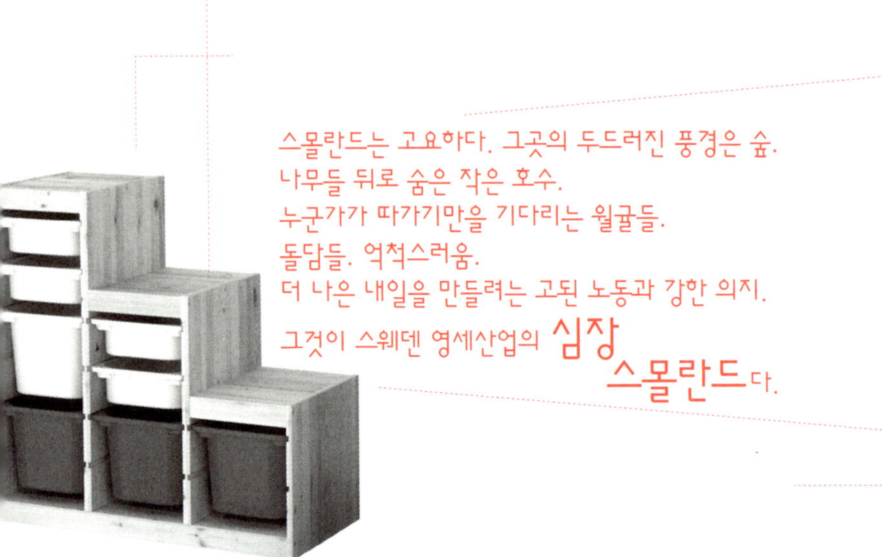

스몰란드, 잉바르 캄프라드가 자란 이 스웨덴 남부의 시골 지역에 이케아의 가치와 정체성에 대한 단서가 또렷이 새겨져 있다. 소나무 숲이 끝없이 펼쳐진 스몰란드는 인적이 드물고 사시사철 바람이 부는 가혹한 환경이다. 스몰란드의 작은 마을 엘름훌트는 이케아의 메카다.

스웨덴 밖에서는 이케아가 스웨덴적 가치, 스칸디나비아적 가치의 전부라고 여기기 쉽다. 하지만 사정은 이보다 훨씬 복잡하다. 이케아가 스웨덴의 대도시이자 수도인 스톡홀름에서 설립되었다면 지금과는 많이 달랐을 것이다. 대신 거의 인적이 끊긴 미개발 지역에서 설립된 글로벌 기업을 상상해보라. 이것은 마치 해비타트가 잉글랜드 북부 선덜랜드에 문을 연 격이다.

위의 시(詩)는 이케아 매장에 나붙은 거대한 포스터에 있는 것이다. 맑고 푸른 하늘 아래 메마른 돌담이 드문드문 섞여 있는 바위투성이 풍경을 배경으로 글씨가 적혀 있다. 스몰란드는 스웨덴어로 '작은 땅'이라는 뜻이다. 역사적으로 그곳은 농부들이 악천후와 싸우며 소규모로 생계를 이어갔던 농촌이다. 오늘날에도 그 땅은 메마른 돌담들로 구획이 나뉘어 있다. 잉바르 캄프라드는 스몰란드의 낡은 돌담, 이 인간의 불굴의 정신과 낙관성의 기념비가 이케아의 영혼을 상징한다고 말한 바 있다. 그것이 이 국제적 기업으로 하여금 그 비천한 출발을 잊지 않도록 돕는다고 그는 말했다. 스웨덴의 다른 지역 사람들은 스몰란드 사람들이 검소하지만 너무 구두쇠라고 놀린다. 스몰란드 사람들은 코를 풀 때도 무언가를 잃는 것만 같아 운다는 농담이 있다. 또한 스몰란드인들은 사업가 기질이 있다고 알려져 있다. 한 스웨덴인은 설명한다.

"스몰란드를 상징하긴 하지만 잉바르가 유일한 인물은 아닙니다. 거기에는 많은 중소기업이 있습니다. 국제적 기업을 일궜다는 점에서 그가 독특할 뿐이죠."

이곳은 농사짓기 어려운 땅이 많은 스웨덴의 지역 중에서도 척박하고 추위와 눈으로 자주 고립되는 고지대다. 근근이 살아가던 스몰란드인들은 더 편한 삶을 바라며 20세기 초에 미국으로 많이 이민을 했다. 1910년경 스웨덴인 가운데 20퍼센트가 미국에 살았으며, 그중 다수가 스몰란드 출신이었다. 이케아라는 기업의 내적 가치는 이러한 토양에서 이루어진 듯하다. 비용의식, 팀 정신, 격식에 얽매이지 않음, 평등한 관계, 임시변통 등은 모두 스몰란드의 가치다.

이런 시골의 기업가 정신은 어디서 연유했을까? 이것은 스웨덴에만 국한된 현상은 아니다. 엔지니어링 회사인 댄포스, 블록 완구 브랜드인 레고 등 덴마크의 시골 한복판에서 설립된 기업들도 있다. 테트라 팩(음료 용기 제작 회사)의 창업자 역시 스웨덴 남부의 농부 출신 형제들이다. 아마도 스몰란드 농부들은 거친 농경 조건 때문에 더욱 사업가 기질을 발휘해야 했으며 다른 수입원을 찾아야 했을 것이다. 이들 기업은 루터주의(검약은 여기서 비롯했다)와 기업가정신(자, 이걸로 어떻게 돈을 벌까?)의 혼합에서 탄생한 듯 보인다.

엘름훌트 –이케아의 메카

잉바르 캄프라드가 그곳에 회사를 차리기 전, 엘름훌트를 아는 사람은 거의 없었다. 기차역 하나에 주요 도로가 두 개뿐인 오래되고 외진 농촌마을이었다. 돌이켜보아도 가구 디자인의 혁명이 일어나기에는 생뚱맞은 곳이다. 2008년 엘름훌트의 인구는 약 6,000명인데 그곳 이케아 사무실 직원이 약 3,000명이다. 엘름훌트의 전체 가구에 이케아 직원이 적어도 한 명 이상 살고 있는 셈이다.

마을 외곽의 역 근처에 이케아 최초의 매장이 있고, 이케아 디자인을 책임지는 이케아 스웨덴 사무소가 있고, 이케아의 제조업체 중 하나인 스웨드우드가 있다. 엘름훌트에서 생활하며 일하는 사람들 대부분은 이케아 디자이너이거나 카탈로그 편집 책임자들이다. 당신에겐 생각보다 이케아 엘름훌트 직원들이 낯익을지 모른다. 이케아 카탈로그에서 당신을 바라보며 미소 짓는 이들이 바로 그들과 그 가족들이니까.

이케아 내부에서 엘름훌트로 발령을 받는 것은 진정한 영예다. 이곳이 바로 중요 결정이 내려지는 곳이기 때문이다. 세계 각지의 이케아 직원들에게 엘름훌트는 허브이고 메카다. 그곳에서 그들은 연수를 받고, 사람들을 만나고, 카탈로그가 촬영되는 것을 지켜보고, 신제품에 대해 듣는다. 마을은 늘 이케아 스태프들로 북적이고 그들은 기차역 맞은편에 있는 이케아 호텔에 묵는다.

한때 이 호텔에는 풀장이 있었지만 이케아 스태프인 투숙객들이 늘어나면서 더 많은 방을 지어야 하는 바람에 사라졌다. 이케아 호텔은 우리가 예상해볼 수 있듯 대단히 단순하고 내부는 전부 이케아 가구들로 꾸며져 있다. 호텔 지하의 방 세 개가 이케아 박물관으로 이루어져 있으며, 시대별로 나누어 이케아 가구를 진열해놓았다.

캄프라드는 스위스로 이주했지만 여전히 엘름훌트에도 대저택을 가지고 있다. 커다란 정원과 실내 수영장, 사우나가 있으며 일 년 내내 거기 머물며 방문객들에게 요리를 해주는 가정부도 한 명 있다. 호텔이 만원일 경우 이케아 직원들은 거기 머물 수 있지만 이러한 특전에는 물론 돈을 지불해야 한다. 정원에는 캄프라드의 세 아들을 위한 각각의 작은 집들이 있다.

1958년 최초로 건설된 엘름훌트의 이케아 매장은 현재 직원들 사이에서 농담의 대상이 되었다. 판매가 저조하기 때문에 진짜 매장이라기보다는 박물관에 더 가깝다는 것이다. 다른 매장들과 달리 이곳에서는 신제품이나 새로운 소매 혁신안의 시험이 이루어지지 않는데, 아마도 판매량이 많지 않기 때문인 듯하다. 하지만 이곳은 이 마을에서 관광객이 가장 많이 찾는 곳이다.

일부 직원들은 엘름훌트에서 약간의 밀실공포증을 앓는다. 너무나 작은 마을이기 때문이다. 식당 몇 개와 피자가게 하나를 제외하면 거기서는 이케아를 떠나서 할 일이 별로 없다. 고철 업자를 제외하고 이케아는 그곳에서 가장 큰 회사다. 엘름훌트의 한 이케아 직원은 인정했다.

"거기에선 이케아가 전부입니다. 모두가 식탁에 둘러앉아 이케아와 가구 얘기만 하죠. 거기 사는 사람들은 일에 몰두하기 때문에 그런 생활을 즐거워합니다.”

그럼에도 탈출이 필요한 사람들에게는 덴마크 코펜하겐이 있다. 스웨덴 남부와 덴마크를 연결하는 오레순드 다리를 건너는 기차를 타면 코펜하겐까지 겨우 서너 시간 거리다.

빌리, 술탄, 바르데

엘름훌트에는 이 회사에서 아마도 가장 중요하고 영향력 있는 일을 하는 두 여인이 있다. 바로 당신의 가구에 그 우스꽝스러운 스웨덴 이름들을 갖다 붙이는 일로 빌리 책장, 술탄 매트리스, 바르데 주방용품 등이 그들의 작품이다. 캄프라드는 1950년대 초에 최초로 판매한 의자에 루스라는 이름을 붙였는데 난독증이 있어 주문번호를 기억하기가 어려웠기 때문이다. 이후 이케아 제품에는 계속 이름이 붙었다.

이케아 카탈로그에 있는 1만 종의 제품은 세계 어디에서나 동일한 이름으로 불린다. 이 때문에 이따금 스웨덴 소매상들은 곤란에 처하기도 한다. 몇 년 전 스웨덴의 작은 마을 이름을 따 ‘구트비크(Gutvik)’라고 불린 목재 침대가 독일에서 작은 파문을 일으켰다. 구트비크는 독일어로 ‘멋진 섹스’라는 뜻이다. 이케아는 실수를 깨닫자마자 이 침대 광고를 황급히 신문과 진열장에서 철수했다.

전 세계 인터넷의 블로그와 채팅방에서는 이케아 작명의 비밀을 깨려는 시도를 한다. 하지만 직원들에게조차 그것은 오리무중이다. 한 웹사이트에 '이케아 게임'이라는 것이 있는데, 이케아의 이름을 제시하고 그 제품이 과연 무엇일지 짐작하는 것이다. 예를 들어 구스타브는 CD꽂이일까, 식탁일까, 시계일까, 쿠션일까? 트랄은 식탁, 뚜껑 달린 상자, 시계, 세면대, 접이식 탁자 중 무엇일까? 등등.

이케아 게임

1 다음 중 구스타브는 무엇일까?

　　a.책상　　b.전등　　c.담요　　d.유아용 의자

2 다음 중 테켄은 무엇일까?

　　a.촛대　　b.주방용품　　c.머그잔　　d.이층침대

3 다음 중 카스테드는 무엇일까?

　　a.선반　　b.깔개　　c.의자　　d.전등

4 다음 중 타이트는 무엇일까?

　　a.꽃병　　b.바구니　　c.거울　　d.비누받침

(정답 1: a / 2: c / 3: b / 4: a)

여기에는 규칙이 있다. 영국 신문『가디언』의 기사에 의하면 욕실용품은 노르웨이의 호수 이름에서 따오고(가령 ‘말렌’), 주방용품은 사내아이 이름에서, 침실용품은 여자아이 이름에서, 침대는 스웨덴 도시 이름들에서 따온다고 한다.[18]

그러나 캄프라드의 전기는 다른 법칙을 소개하고 있어 혼란을 더한다. 초창기 캄프라드의 비서로 일하다가 나중에 제품 관리자가 된 사촌 여동생 I. B. 바일리에 따르면 가구 세트, 소파, 의자는 도시 이름, 책꽂이는 사내아이 이름, 커튼은 여자아이 이름, 이불은 다리 이름이어야 한다고 한다. 단, 어떤 것에도 잉바르라는 이름은 붙일 수 없다.[19]

이케아를 비판하는 사람들은 우리에게 그들의 언어를 말하게 하는 것이 순종을 유도하는 교묘한 기법이라고 주장한다. RCA의 조 커는『가디언』에서 이렇게 말한다.

“그것을 따라 함으로써 당신은 이케아의 전도사가 됩니다. 예를 들어 경찰의 심문 기법을 보면, 상대의 의지를 꺾는 방법 중 하나가 그들로 하여금 당신의 언어로 말하도록 시키는 것입니다.
당신이 가게에 가서 에그 맥 머핀이나 스키니 그랜드 라테, 빌리 책장을 주문한다면 당신은 그들 손에 놀아나는 겁니다.”[20]

바이킹 간식

미트볼 한 접시와 스웨덴식 케이크는 이케아 쇼핑객들에게 일종의 통과의례, 체험의 일부가 되었다. 캄프라드는 1960년대에 노르웨이 오슬로를 여행하다가 '바이킹 간식'을 파는 가게에 홀딱 반했고 즉시 쿵엔스 쿠르바에서 비슷한 걸 팔고자 했다. 동료들과 상의한 후 스웨덴 요리보다는 스몰란드 특별 요리를 제공하기로 했다. 스톡홀름에서 판매한 메뉴는 시골음식인 이스테르브란드라는 스몰란드식 소시지였다.

그 후 대표적 메뉴들이 속속 개발되어 자리를 잡아갔다. 월귤을 곁들인 미트볼, 화이트소스를 뿌린 감자, 바닐라소스를 얹은 애플파이, 가재 샐러드 등은 이케아 식당에서 친숙한 요리들이다. 이케아 식당에서는 일 년에 평균 1억 5000만 개의 미트볼이 팔린다고 한다.

식당이나 매장 끝 푸드숍에서 먹는 스웨덴 별미는 이제 이케아 방문에서 빼놓을 수 없는 부분이다. 이 스웨덴 가게는 "스웨덴 맛 좀 보세요."라고 선전하며 비트 병조림, 월귤 잼, 블레킹에 연어, 바사 비스킷 등을 판다. 해외에 거주하는 많은 스웨덴 사람들은 자신이 좋아하는 음식을 사재기하러 현지의 이케아를 방문한다. 런던에 사는 한 스웨덴인은 말한다.

"우리는 미트볼과 연어로 배를 가득 채운 후 양초, 아바 생선 병조림 몇 개와 스웨덴을 향한 향수를 껴안고 매장을 나오죠."

이케아에서 쇼핑하는 것은 스웨덴 생활의 단면을 맛보게 한다. 어느 불만에 찬 외국 손님은 이런 농담을 한다.

"이케아는 외국인에게는 품절된 스웨덴이다."

매장과 직원들 유니폼의 파란색과 노란색은 스웨덴 국기의 색깔을 반영하며, 벽에 걸린 사진들은 스웨덴 전원생활의 목가적 이미지들을 보여준다. (스웨덴 가게와 점원들의 유니폼은 늘 빨간색과 흰색이었다. 그것이 싼 가격을 상징하기 때문이다.) 이케아의 파란색과 노란색의 상자는 지도에서 그 조국을 쉽게 알 수 있게 한다.

이것은 총체적인 스웨덴 세례다. 스웨덴 음식, 제품마다 붙은 스웨덴 이름에 심지어 매장 전시실에는 스웨덴 책들까지 있다. 당신이 어느 나라에 있든 말이다. 당신이 런던, 마드리드, 토론토, 뉴욕, 모스크바, 어느 이케아 거실 전시장에 카트를 밀고 들어가든 책꽂이에서 폴케 달퀴스트의 《역사 교과서》, 티덴스강의 《올로프 몰린》, 라르스 룬드베리의 《빌트의 이미지》 혹은 비오른 에릭린드의 《스카니아와 그 차량들 1891~1991》과 같은 책들을 보게 될 것이다.

스웨덴 역사의 교훈

스웨덴이라는 한 국가의 역사와 신념도 이케아의 운영방식에 많은 단서를 준다. 스웨덴은 늘 대단히 민주적이고 계급 없는 사회였다. 스웨덴에서는 다른 나라들과 비교해 역사적으로 아주 이른 시기부터 농부들이 자기 땅을 소유할 수 있었다. 이에 비해 이웃 나라 러시아는 1830년대까지도 농노제도를 유지했다.

스웨덴인 아무나 붙잡고 스웨덴에 대해 말해달라고 하면 그 사람은 바로 스칸디나비아 사회복지 모델을 이야기할 것이다. 공공서비스의 수준을 윤택하게 하려면 많은 세금을 내야 한다는 기본 생각이 젊은 유권자들에게도 전폭적인 지지를 얻고 있는 듯하다. 이러한 복지국가의 설계자는 전통적으로 스칸디나비아의 지배적 정치세력인 사회민주당이다(그러나 지금은 총리직만을 장악하고 있다). 1920년 정권을 잡은 사회민주당은 사회주의를 평등한 만인이 다 함께 잘 사는 사회를 이룩하는 것이라고 수정하였다.

스톡홀름 경제대학의 부교수 미리암 살세르는 말한다(살세르 부교수의 박사논문은 이케아에 관한 것이었다[21]).

"사회민주당은 국민의 가정을 만들었고, 잉바르 캄프라드는 거기에 가구들을 배치했지요."

스웨덴의 복지국가 정책은 스웨덴어로 폴크엠메트(folkhem-met)라고 알려진 '국민의 가정'이라는 공감대에서 탄생했다.

스웨덴 사회민주당의 역사

스웨덴에서는 아주 이른 시기부터 농부들이 땅을 소유할 수 있었다. 농부들에게 정치적 힘이 생겼고 왕은 이들을 통제할 수 없었다. 그들은 왕에게 위협이면서 동시에 지지자이기도 했다. 이들 독립적인 농부들에게는 공동체를 한데 결속시키는 정치제도가 있었다. 그들은 집단 내부에서 지도자를 교대로 선출했으며 그런 점에서 아버지가 아들에게 직위를 세습하는 전통적 부족과는 달랐다. 이로부터 스웨덴 민주주의의 기초와 평등 원칙이 비롯되었다.

상당 부분 프로테스탄트 루터주의 문화에서 연유한 이 개념은 약자에 대한 배려가 사회 전체의 책임이라는 것이다.

스웨덴 사회민주당은 1920년에 정권을 잡았고 스칸디나비아의 전통적 정치세력이었지만 현재는 행정부만을 장악하고 있다. 그들은 사회주의를 '국민의 가정'이라는 공동체 의식으로 재정의하였다. 그러나 스웨덴을 번영케 한 이 사회제도를 유지하려면 계속해서 높은 세금을 내야 한다. 『이코노미스트』는 점점 더 많은 스웨덴인들이 세금을 내지 않기 위해 조세피난처로 이주하고 있다고 지적한다.[*22] 이런 해외 자산이 무려

5000억 스웨덴코로나(650억 달러)로 추정된다. 이케아는 본사를 해외로 이전한 스웨덴 기업 중 하나이며 그 창업자인 잉바르 캄프라드 역시 스위스에서 살고 있다.

캄프라드의 해외 이주 결정은 스웨덴인들 사이에서 환영받지 못하지만, 그들이 더 관심을 갖는 것은 이케아가 공장과 사무실을 해외로 이전하는 것이다. 어떤 이는 설명한다.

"우리 모두 세금 때문에 고생합니다. 부자들이 모두 외국으로 달아난다면 눈살이 찌푸려지는 게 당연하지요."

스웨덴인들은 캄프라드를 괴팍한 늙은이로 여기며 별로 좋아하지는 않지만 마지못해 존경하고 칭찬한다.

스웨덴으로 유입되는 엄청난 이민자 물결은 이제 그들이 커다란 사회적 변화를 감당하는 법을 배워야 함을 말해준다. 스웨덴 인구 900만 명 중 거의 100만 명이 다른 나라 출신이다. 여기에 부모 중 한 명이 외국 태생인 이들을 포함하면 전체 인구의 거의 4분의 1이 국외자인 셈이다. 결국 스웨텐인들은 국민의 가정이 다른 나라에서 태어난 사람들도 감싸안아야 함을 받아들여야 할 것이다. 스웨덴은 또한 망명 신청자들의 유입을 줄일지(『이코노미스트』에 따르면 2008년 한 해에 약 4만 명), 합법 이민자들을 더 많이 받아들일지 결단을 내려야 한다.

점점 더 많은 외국인이 스웨덴에 와 정착하면서 도리어 그들이 이 주인 국가의 가치를 바꿀지도 모른다. 스웨덴인들은 복지국가의 더 많은 선택권을 요구하면서 많은 세금을 내는 것은 점점 더 주저한다. 사태가 이렇게 흘러간다면 전 세계에 흩어진 노란색과 파란색의 이케아 상자는 또 다른 과거, 사정이 전혀 달랐던 또 다른 나라의 스냅사진이 될지도 모른다.

스웨덴에 대한 고정관념

외지인들은 스웨덴 하면 무엇을 떠올릴까? 그들은 종종 북유럽인종(스웨덴인, 노르웨이인, 핀란드인, 덴마크인, 아이슬란드인)을 한데 뭉뚱그린다. 잘생겼다, 술고래다, 세금이 과하다, 자살을 많이 한다 등 고정관념의 목록은 폭넓다.

그중 술고래라는 인식은 이제 옛이야기가 될 것 같다. 노르웨이인과 스웨덴인은 전통적으로 다른 유럽인보다 음주 사고를 많이 일으켰지만 흥청망청 마셔대던 음주 습관은 이제 점점 사라지고 있다.

또 다른 고정관념은 그들이 과묵하고 좀 지루한 편이지만 일단 입을 열면 상당히 영어를 잘한다는 것이다. 이러한 일반화가 다 맞는 건 아니지만 그들의 영어가 유창한 것은 사실이다. 이케아의 비즈니스 언어는 영어다. 하지만 일상의 문화적 언어는 스웨덴어이고 비스웨덴인들도 배우도록 장려된다.

2008년 이코노미스트 인텔리전스 유닛에서 앞으로 4년 동안 사업하기 가장 좋은 곳을 조사했을 때 스웨덴은 11위였다.

또 니콜라스 인드가 쓴 《영감(Inspiration)》이라는 책에 의하면 EU 집행위원회가 집계하는 혁신 평점에서 스웨덴이 1위에 올랐다고 한다. 이 조사에서 높은 점수를 받은 나라는 대개 북유럽의 개신교 국가들이었고 평균 이하를 받은 나라는 남유럽의 가톨릭 국가들이었다.[*23]

스웨덴 정부는 1970년대 이후 국제적 대기업이 나타나지 않는 것을 우려하고 있지만 볼보, 에릭손, 테트라팩, H&M, 사브, 앱솔루트 보드카, 갠트, 엘렉트로룩스 등 이미 유수의 글로벌 기업들을 낳았고 이케아도 그 가운데 하나일 뿐이다. 스웨덴은 유럽에서 네 번째로 큰 나라이며 1제곱킬로미터당 인구가 22명이다(네덜란드는 300명). 인구가 890만 명에 불과한 나라에서 이처럼 많은 국제적 브랜드가 만들어졌다는 사실은 흥미롭다. 비슷한 크기의 다른 나라, 가령 오스트리아와 비교해보라. 에너지 음료 레드불 외에 오스트리아 브랜드는 딱히 떠오르는 것이 없다.

이케아가 국제적 기업으로 급성장하기 이전에는 사우나, 온수 욕조, 아바 같은 전형적인 스웨덴 이미지만이 외국에 알려졌다. 하지만 국제적 브랜드들 때문에 이제 전 세계는 스웨덴과 스웨덴적인 것에 대해 선명한 이미지를 갖게 되었다. 미국인들에게 가령 노르웨이에 대해 말해보라고 한다면 좀 더 어려워할 것이다.

스웨덴의 중립주의는 외국에서도 호의적이고 이러한 긍정

적인 국가 이미지는 이케아가 국제적으로 확장해가는 데 장애보다는 도움을 주었다. 자국의 지도자들이 '도덕적 초강대국'이라고 자부하는 스웨덴은 평화유지 활동 지원에 적극적이며 한국전 참전 이후 지금까지 유엔군에 9만 명을 파병했다. 스웨덴의 국방비 지출은 서유럽에서도 가장 높은 축에 들어 겉보기만큼 평화주의는 아니다.

하지만 이케아는 미국 브랜드들처럼 자국의 외교정책이 자신들의 국외사업에 손해를 끼칠까 하는 염려는 전혀 하지 않는다. 브랜드 자문회사 인터브랜드가 작성한 글로벌 브랜드 순위에서 이케아는 100억 달러의 가치로 평가되며 38위에 올랐다. (2011년에는 31위를 기록했다—옮긴이) 글로벌 브랜드 톱 100은 대부분 미국의 브랜드들이 차지했다. 이케아는 40위 안에 든 단 여덟 개의 유럽 브랜드 중 하나였다.

스칸디나비아 생활

미트볼 외에 이케아의 가장 최고의 수출은 스칸디나비아 디자인을 세계의 다른 나라들에 전파했다는 것이다. 미국의 풍자 웹사이트 〈더 어니언〉의 최근 기사는 이케아의 강력한 영향력에 대해 다음과 같이 언급한다.

"매끈한 선을 지닌 이 현대적 조립가구의 대유행이 아직은 인구가 밀집한 도시 지역에 한정되어 있으나 미국의 나머지 지역 전체로 번질 위험이 있다. 그 전파 속도로 볼 때 10년 이내에 미국에서의 스칸디나비아 디자인의 영향력은 유럽 수준에 이를 것이다."

이케아 직원들을 위해 쓴 전도서 같은 소책자《어느 가구상의 유언》에서 잉바르 캄프라드는 이렇게 말한다.

"스칸디나비아에서는 사람들이 우리 제품을 보고 전형적인 이케아 가구라고 말해야 합니다. 그 밖의 지역에서는 사람들이 전형적인 스웨덴 가구라고 말해야 합니다."[*24]

스칸디나비아 디자인 콘셉트를 그토록 대대적으로 홍보한 기업은 이케아가 유일하다.

1950년대 말 스칸디나비아 디자인은 대다수 소비자가 구입할 수 있을 정도로 싸고 우아하고 기능적인 가정용 제품들에 적용되어 대단한 인기를 끌었다. 나무의 자연색을 활용한 스칸디나비아 디자인은 깔끔한 선과 편안함에 초점을 맞춘 모더니즘의 한 갈래가 되었다. 그것은 1954년부터 1957년까지 미국과 캐나다를 순회하며 열린 '스칸디나비아 디자인전' 같은 전시회를 통해 대중에게 이름을 알렸다.

스칸디나비아 디자인의 배경은 이케아의 사명·가치와 관련이 깊다. 디자인과 관련한 스웨덴의 가장 뚜렷하고 고유한 특징은 실용성이다. 수 세기 동안 집은 스칸디나비아 생활의 중심이었다. 9개월 동안 어두운 겨울 추위가 이어지는 가혹한 기후에서 집은 피난처였고 가정생활의 중심이었다. 자급자족은 스몰란드 같은 외진 시골 공동체에서는 일반적인 생활양식이었고, 따라서 디자인도 실용적이고 기능적인 것을 추구했다. 역사적으로 스칸디나비아의 삶은 고달팠고 원자재도 제한적이었다. 이것이 가능한 한 낭비를 최소화하려는 문화를 낳았다. 이것은 또한 본질에서 사회민주주의 이상과도 관련이 있다. 현대의 스칸디나비아 디자인은 1920년 탄생한 이래로 디자인은 실제 생활에 사용 가능한 제품과 기술로 삶에 기여할 수 있는 방법을 추구해야 한다는 민주적 이상의 지지를 받았다. 이것은 《어느 가구상의 유언》에서 한 잉바르 캄프라드의 선언과 대단히 유사하게 들린다.

"우리는 마침내 다수의 편에 서기로 결심했다."[*25]

샬럿 필과 피터 필이 쓴 《스칸디나비아 디자인》에 따르면 디자인의 사회민주적 이상은 1920년대 이전에 등장했다. 그들의 설명에 의하면 19세기 초에 이미 엘렌 케이(Ellen Key, 1849~1926)라는 스웨덴 작가이자 여권운동가가 '스콘헤트 아트 알라(Skonhet at alla)' 곧 '만인을 위한 미'를 요구하며 디자인 표준이 사회 개혁을 유인하는 수준으로 격상되어야 한다고 주장했다고 한다. 또한 1845년 설립된 스벤스카 슬로이드포레닝겐(Svenska Slojdforeningen)이라는 스웨덴 공예디자인협회는 디

자인이 사회 변화를 위한 촉매로 쓰일 수 있고, 또 쓰여야 한다는 신념을 표방했다.[*26]

캄프라드가 자신의 가치를 끄집어내기에 스웨덴의 디자인 역사는 대단히 풍성했다. '바크라레 베르닥스바라(Vachrare Verdagsvara)'는 19세기 초에 사용된 표어로, '일상용품을 더 아름답게'라는 의미다. 이 표어를 만든 그레고르 파울손은 제조업자들을 위한 소책자를 출간하여 이제까지 간과되었던 거대 소비자 집단, 곧 저임금 노동자들에 주목하도록 했다. 그는 제조업자들이 디자인을 경쟁력 있는 마케팅 도구로 활용함으로써 재정적 이득을 볼 수 있다고 결론을 내렸는데, 캄프라드는 이 결론에 확실히 동의하였다.

이케아의 초기 가구 상당수는 스웨덴에서 가장 유명한 미술가 중 한 사람인 칼 라르손(Carl Larsson, 1853~1919)의 영향을 받은 것 같다. 순드보른에 있는 라르손의 집은 담백한 미니멀리즘 스타일로 장식되어 있다. 1899년 라르손은 수채화들에 글을 함께 엮은 작품집 《에트 헴(Ett Hem)》(집)을 발표했다. 이 책은 반들반들한 소나무 마룻바닥에 깔린 천 자투리를 엮은 알록달록한 깔개에서 깡충거리며 노는 금발의 아이들 모습이 담긴 풍경 등 전원의 목가적인 느낌을 떠오르게 하는 책이다.

1932년 정권을 잡은 사회민주당은 디자인을 단순한 미적 활동이 아니라 사회 변화를 위한 도구, 폴크엠메트(folkhemmet, 국민의 가정)라는 비전을 실현할 도구로 보았다. 당시 콜레라가 스웨덴 도시들에 창궐했기 때문에 청결에 대한 집착이 만연했고 그러한 사회 경향이 스칸디나비아 디자인의 매끈하고 단순한 선과 잘 맞아떨어졌다.

제2차 세계대전 후 '국민의 가정'이라는 이상은 국가 주도의 주택정책을 펴는 복지국가를 의미하게 되었다. 모더니즘이 전후 가정을 꾸리는 이들에게 강력한 상징이 되었다. 주문 제작한 가구를 대대로 물려주던 스웨덴의 전통은 새롭고 저렴한 가구를 찾는 젊은 주택소유자들에게 길을 내주었다. 수요가 점점 커졌지만 스웨덴 제조업자들과 소매상들은 여전히 고가를 유지했다. 1935~1946년 사이 가구 가격은 다른 살림살이 가격보다 빠르게 올라 41퍼센트나 인상되었다. 캄프라드는 이러한 사회적 문제가 이케아에는 비즈니스 기회를 제공할 것임을 간파하였다.

가구의 일부

스칸디나비아 디자인은 밀라노 디자인과는 다르다. 밀라노를 중심으로 한 디자인은 우아하고 정교한 고급 디자인으로 일반 대중의 관심사에는 별로 신경 쓰지 않는다. 반면 평범한 스칸디나비아 디자인은 단순하고 다채롭고 일반 서민들의 필요에 부응한다는 점에서 대중적이고 더 민주적이다. 하지만 국제적인 기업이 될수록 이케아는 스칸디나비아 디자인에서 차츰 멀어지고 모더니즘을 더욱 강조하게 되었다.

런던 왕립미술대학에서 디자인사를 가르치는 비비아나 나로츠키 교수는 말한다.

"제가 보기에 이케아 디자인에는 스칸디나비아적인 특징이 없어요. 스칸디나비아 디자인은 재료와 극히 유기적인 관계가 있지만 이케아에는 그런 것이 보이지 않습니다. 가구들이 단순하게 디자인되기는 하지만 아무 나무나 상관없지요. 플랫팩 방식으로 제조하기 위한 디자인일 뿐입니다. 클래식 디자인, 모더니즘 디자인, 스칸디나비아 디자인 가운데 모더니즘 외에는 별로 남아 있지 않습니다."

그러면 스웨덴인들은 자신들의 나라에서 탄생한 이 글로벌 가구 디자인 회사를 어떻게 생각할까? 나와 이야기를 나눈 이들은 이케아는 가구 중의 하나일 뿐이라며 거의 신경 쓰지 않는 듯했다. 만약 그들이 집으로 동료를 초대한다면 그들은 빌리 책장에는 눈길도 주지 않을 테지만 거기에 꽂힌 책들에 관해서는 이야기를 나눌 것이다. 스웨덴에서 이케아는 있는 듯 없는 듯한, 대수롭지 않은 것이다.

스웨덴인들은 모두 한 번은 이케아 매장에서 일해본 듯하다.

모두가 세뇌라도 당한 듯 이케아에 부응한다. 스웨덴인들처럼 이케아는 대단히 민주적이다. 스웨덴인들은 방문한 모든 손님이 다 같이 별다른 서비스를 받지 않고 스스로 알아서 처리해야 하는 방식을 좋아한다. 스웨덴의 사회민주적 비전은 당신이 다른 사람보다 우월하지 말아야 한다는 의미다. 자랑은 예의가 아니며 남보다 더 잘살고 부자인 것도 예의가 아니다. 이케아는 이러한 비전에 꼭 맞는다.

그들은 이케아를 뿌듯해하면서도 주말에 길게 늘어선 줄, 부족한 창고 재고분 등에는 분노의 감정까지 있는 그야말로 애증의 관계로 보인다. 스웨덴에서 이케아는 자사의 이미지와 분투해왔다. 이케아는 제일 먼저 구입하지만 더 나은 것으로 업그레이드하는 즉시 갖다버리는 질 낮은 싸구려로 여겨졌다. 내수 시장에서 이케아는 점점 더 존경받고 있지만 이러한 이미지는 여전히 남아 있다.

스웨덴에서는 모든 사람들이 조립가구에 대해, 이케아 가구 조립이 얼마나 어려운가에 대해 농담을 한다. 스웨덴에서 여자나 남자들끼리 저녁 파티를 할 때 벌칙으로 밤새도록 이케아 가구 조립이라는 어려운 일을 시키는 것은 아주 흔한 일이다. 이케아는 사회 조직의 일부가 되었다.

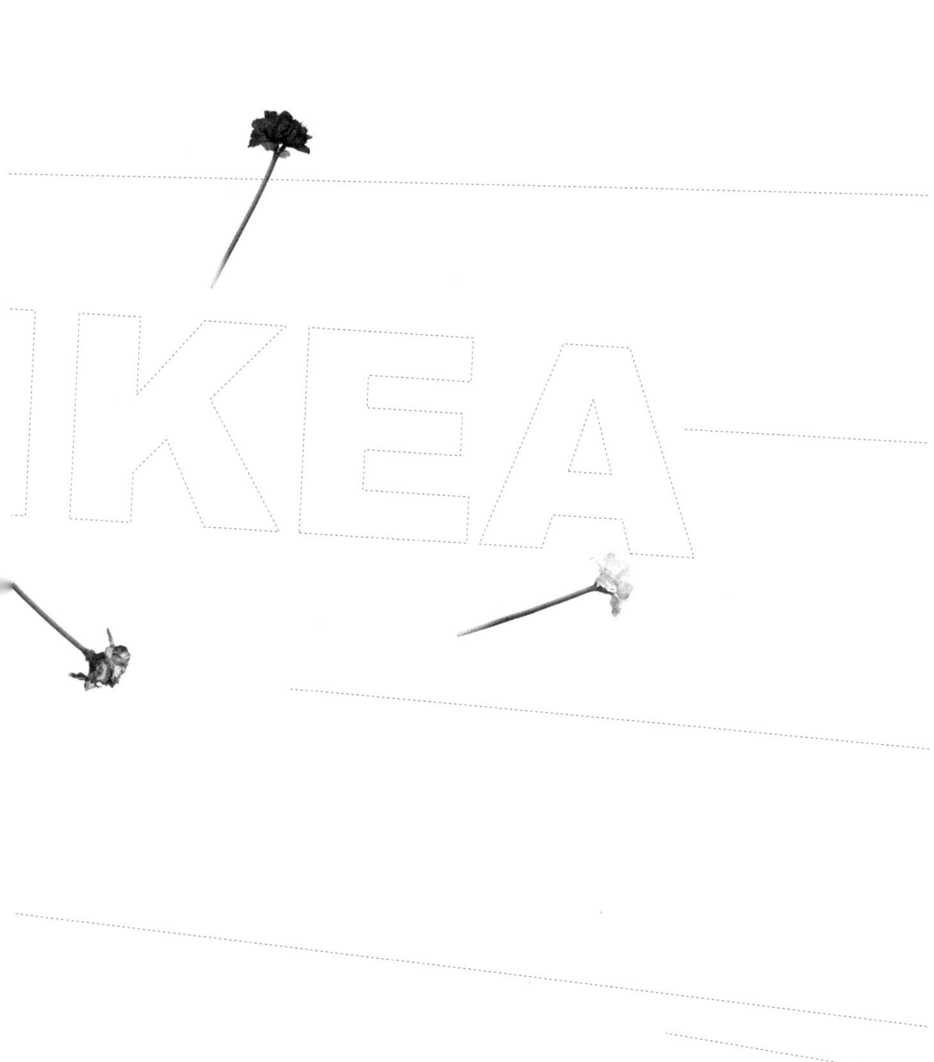
IKEA

5 혁신적 재료

GREAT BRAND STORIES
GREAT IKEA!

A BRAND FOR ALL THE PEOPLE
ELEN LEWIS

단 열두 마디의 말이 가정용 가구의 세계를 바꿔놓았다. 그 말은 1951년 스웨덴 남부 말뫼 출신의 일리스 룬드그렌이라는 이케아의 젊은 디자이너가 자동차 트렁크에 탁자를 집어넣으려고 안간힘을 쓰던 중 내뱉은 말이었다.

"세상에, 대체 얼마나 많이 공간을 차지하는 거야."

투덜거리며 그가 말했다.

"다리를 잘라 상판 아래 붙이자."

이 우연한 사건에서 플랫팩 가구가 발명되었다.

1953년 이케아 카탈로그에 막스라는 이름의 테이블이 등장했고(이케아 최초의 조립 탁자), 1956년 플랫팩 콘셉트는 이케아 가구의 핵심 요소가 되었다. 플랫팩 가구의 발명은 이 분야에 혁명을 가져왔다. 플랫팩은 디자인의 역사와 소비에서 중대한 공헌을 했다. 디자인 분야가 제조, 유통에 이르는 모든 단계에 영향을 미쳤기 때문이다. 그것은 재료 구매에서 최종 사용자에 이르기까지 거대한 규모의 경제 효과를 가능케 했다.

납작하고 평평하게 포장하고, 고객이 조립할 수 있도록 제품을 디자인함으로써 이케아는 비용을 대폭 절감할 수 있었다. 플랫팩 가구는 이케아가 제품운송을 할 때 낭비되던 빈 공간을 없앨 수 있고, 보관과 운송 비용을 낮출 수 있게 되었다는 의미였다.

이케아는 한 트럭에 더 많은 물품을 실을 수 있었고, 창고에 더 많은 제품을 쌓을 수 있었고, 운송 시 손상을 피할 수 있었다. 또한 제품을 만드는 데 재료와 노동력이라는 두 가지 요소가 든다는 걸 고려한다면 플랫팩으로 유통 후 고객의 조립 과정인 노동력 부분은 공짜라는 의미다. 이로써 인건비를 절감할 수 있다. 가구산업은 잉바르가 그 시스템을 혼란에 빠뜨린 후 다시는 전과 같을 수 없게 되었다.

일리스 룬드그렌은 여전히 이케아에서 일하고 있다. 2005년 이케아 카탈로그 표지에는 그가 자신의 작품 중 하나인 룬나 회전의자 옆에 서 있는 모습이 보인다. 77세의 이 베테랑은 이케아의 역사에서 중요한 역할을 했다. 이케아의 네 번째 직원이었던 그는 최초의 전임 디자이너가 되었으며, 다른 무엇보다도 주방 수납 시스템인 토레를 만들었다. 그는 제품 개발은 물론 15년 동안 카탈로그 제작을 책임지기도 했다.

1950년대 말 캄프라드는 플랫팩 가구의 시장 잠재력을 알아챈 경쟁사에서 조립식 가구를 디자인하던 벵트 루다와 에리크 보르트스를 스카우트했다. 레갈 책장(1959)은 플랫팩으로 팔린 최초의 물품 중 하나다. 이와 동시에 이케아 디자이너들은 단벌 제품보다는 모듈 부품과 상호연결 시스템이라는 콘셉트로 제품을 개발하고 있었다.

알렉산더 폰 페게사크는 이케아 하면 단순한 가구들을 만들었던 독일의 가구 디자이너 미하엘 토네트(Michael Thonet, 1796~1871)가 떠오른다고 한다. 알렉산더 폰 페게사크는 독일 비트라 디자인 미술관의 관장으로 1999년 이케아 전시회를 기획했다. 페게사크는 말한다.

"이케아는 토네트의 가구를 개선하고 업데이트했습니다. 잉바르가 이케아를 시작했을 때 토네트에 대해 알았는지는 모르지만 지금은 그에 대해 알고 있을 겁니다."

토네트는 증기를 이용해 나무를 구부리는 새로운 기술을 개발하여 등이 둥근 의자를 만들 수 있었고 이러한 아르누보 디자인을 대량생산했다. 이것은 위대한 디자인이 대량생산이라는 산업적 힘과 결합한 경이로운 순간의 예로 곧잘 인용되는데 플랫팩 가구의 발명도 이와 마찬가지로 시장을 확장할 수 있게 한 산업적 솔루션이었다.

캄프라드의 렌즈

잉바르 캄프라드는 1950년대에 밀라노 가구 박람회에 참석한 후 스웨덴에 돌아와 왜 모든 사람이 아름답고 간단한 조립 가구를 찾지 않는지 의아해했다. 유사종교적인 소책자《어느 가구상의 유언》에서 캄프라드는 말한다.

"어느 설계자든 5,000크로나짜리 책상을 디자인할 수 있다. 다만 극히 숙련된 설계자만이 100크로나밖에 하지 않으면서도 아주 기능적인 좋은 책상을 디자인할 수 있다."[28]

캄프라드의 천재성은 우리가 아름다운 물건들을 보도록, 그리고 그것을 살 형편이 됨을 깨달을 수 있도록 유도한 데 있다. 캄프라드가 어떤 가구 디자인이 뛰어나다고 할 때의 기준은 항상 가격이며, 비용을 얼마나 절감하느냐에 있다. 이케아의 혁신은 대중시장을 위한 디자인을 했다는 것뿐 아니라 그 생산방식에 있다. '많은 사람들의 일상생활을 더 낫게 만든다.'는 이케아의 사명이 모든 것을 그 방향으로 이끌었으며 저가의 좋은 디자인이라는 놀라운 위업을 이루게 했다.

이케아 스웨덴의 한 광고 슬로건은 '이 슬로트 오크 코야',

즉 '세입자의 작은 집을 궁전처럼'이다.

이케아의 생산방식이 그토록 혁신적이게 된 주요 이유 중 하나는 초창기에 그럴 수밖에 없었기 때문이다. 이케아 이야기는 정확한 고품질의 시계 대신 일회용 시계로 업계에 혁명을 일으켰던 스와치(Swatch) 이야기를 연상시킨다. 스위스의 모든 시계 제조업자들은 초창기에 스와치와의 거래를 거절했다. 스와치가 업계에 변혁을 가져온다고 여겼기 때문이다. 스와치는 업계의 기존 가격 담합을 깨야 했고 가격을 낮추기 위해 그것을 우회할 방법을 찾아야 했다.

스와치와 이케아의 유사성은 거기서 그치지 않는다. 이케아에서처럼 스와치의 성공에서도 디자인은 핵심 역할을 했다. 스와치의 설립자 니콜라스 하이엑은 시간이 잘 맞는다는 것이 굳이 괘종시계에만 국한되는 미덕은 아니지만 그보다 더 중요한 가치를 근거로 사람들이 그때그때 더 값싼 시계를 여러 개로 바꿔 찰 수도 있음을 깨달았다. 이케아를 전진시켰던 것과 동일한 통찰이었다.

1950년대에 스웨덴의 전국가구상연합은 공급업자들에게 이케아를 보이콧하도록 최후통첩을 보냈다. 몇몇 용감한 공급업자들은 야음을 틈타 제품을 배달하기도 했지만, 1950년대 말경 이케아는 보이콧으로 대단히 곤란한 지경이었다. 캄프라드는 스웨덴 밖에서 더 많은 공급업자를 찾아야 했다.

처음에는 덴마크를 알아봤지만, 1960년 캄프라드는 폴란드가 스웨덴 회사들과 제휴를 맺는 데 관심이 많다는 이야기를 들었다. 일 년 후 캄프라드는 비밀경찰을 대동한 채 직접 이 공산권 국가를 조사하였다. 캄프라드가 알코올을 탐닉하게 된 것이 이 무렵 폴란드의 공장주들과 거래를 확정 지으며 축하주로 보드카를 마시면서부터라고 한다. 이케아가 폴란드에 한 첫 주문은 고작 6만 9,000크로나(약 8,625달러)였지만, 1998년의 폴란드 수출액은 거의 20억 크로나(3억 달러)에 달했다.

폴란드는 물가가 쌌으므로 캄프라드는 그곳 공급업자들과 장기계약을 맺어 스웨덴 제조사들과 비교해 비용을 거의 절반이나 줄일 수 있었다. 아이러니하게도 스웨덴의 가구시장이 끝내 충족시킬 수 없었던 것이 이러한 가격 상의 이점이었다. 1960년대 중반 이케아 카탈로그의 절반가량이 폴란드에서 만들어진 제품이었다.

하지만 이케아와 폴란드의 관계가 늘 순탄하지만은 않았다. 《디자인으로 세상을 이끌다》를 보면 베를린 장벽이 무너진 후 일부 폴란드 공급업자들이 가격을 인상하려 하자 이케아는 그 간극을 메울 수 있는 동유럽의 다른 나라들로 눈을 돌렸다. 또한 베를린 장벽 붕괴 이후 일부 제조사들은 캄프라드와의 옛 계약을 존중하지 않고 그가 투자한 기계들을 이용해 다른 클라이언트의 주문을 조달했다.[*29]

1991년 이케아는 공급업자와 제조업체 관리를 강화할 필요가 있음을 수긍하고 스몰란드에 있는 스웨드우드(Swedwood)

라는 회사를 인수했다. 2008년 스웨드우드 그룹은 스웨덴, 발트 해, 중부 유럽, 캐나다 등 9개국에 36개의 공장을 가지고 있었다. 2007년 이 회사의 연 매출은 약 13억 유로, 직원은 1만 4,000명이었다.

이케아는 현재 자사 업체와 외주 업체를 모두 동원해 가구를 생산한다. 당연히 물량이 많고 고정적인 제품은 자사에서 생산하고 핵심 제품은 더 유연하게 대처하기 위해 외주 업체에서 생산한다. 현재 이케아 제품 중 스웨덴에서 만들어지는 것은 별로 없다. 폴란드, 불가리아, 아시아에서 대부분 만들어진다. 목재와 같은 주재료가 잘 수급되고 숙련된 노동자를 갖춘 공장이 있는 나라들이 주로 선정된다. 이케아는 50개국에 약 1,350개의 공급업체를 거느리고 있다.

혁신적인 재료

스웨덴 초창기의 압박과 보이콧은 캄프라드와 이케아로 하여금 전보다 더욱 재료를 혁신하도록 이끌었다. 캄프라드가 제재 공장을 방문하면 잘라내고 남은 자투리로 무엇을 만들 수 있을지 살펴본다는 이야기가 있다. 단순히 싼 것이 아니라 현 소유자에게는 거의 무가치한 재료를 다시 사용할 수 있다면 엄청나게 저렴한 제품을 생산할 수 있음을 그는 알고 있었다.

《우리 안의 해적》에서 브랜드 컨설턴트 애덤 모건은 캄프라드가 중국 재래시장에 갔을 때의 이야기를 들려준다. 당시 이케아는 가구 사업만 하고 있었는데 캄프라드는 줄지어 늘어선 털 뽑힌 닭들에 완전히 넋을 빼앗겼다. 그는 중국인들이 깃털을 어떻게 처리하는지 궁금해했고 깃털은 가치 없다고 여겨 버린다는 사실을 알아냈다. 그 결과 이케아는 깃털이불 수백만 개를 염가로, 오리나 거위 깃털로 채운 것보다 훨씬 낮은 가격으로 만들 수 있었다.

이케아가 가격을 낮추기 위해 그리고 초창기의 공급 보이콧을 우회하기 위해 전통적인 가구 제조사가 아닌 색다른 공급업자들을 활용한 사례는 많다. 이케아는 전에 한 번도 가구를 만들어본 적 없는 많은 제조사들을 이용했는데 이케아가 그들에게 간 것은 그들이 제품을 더 싸게 만들 수 있기 때문이었다.

1985년 디자인된 모멘트라는 소파는 쇼핑 카트의 철망을 생산하던 공장에서 만들어졌다. 이것과 어울리는 탁자가 1987년 디자인되어 스웨덴에서 우수 디자인상을 받았다. 스키 제조사가 만든 이케아 탁자도 있다. 이케아의 탁자 다리는 창문 공장에서 생산되고 침대의 헤드보드는 도어 공장에서 만들어진다. 쿠션 커버는 여유 생산능력을 갖춘 셔츠 공장에서 만들어진다. 1990년대에 이케아는 볼보 공장에서 나온 타이어 자투리로 사진 액자를 만들어 팔았다.

1974년 올레 옐로브 크누센과 토르벤 린드는 스코파라는 아주 단단한 플라스틱 의자를 디자인했다. 이것은 플라스틱을 활용해 디자인한 이케아 최초의 제품 중 하나다. 마땅한 제작사를 찾지 못해 9개월간 허송세월한 끝에 이케아는 플라스틱 대접과 양동이를 만들던 한 공장과 거래를 맺었다.

1990년대에 캄프라드는 과거 유행했던 둥글고 우아한 양철 쓰레기통을 고객들에게 몹시도 팔고 싶어했다. 그는 그것을 시내 번화가 상점에서 팔리는 40달러가 아니라 10달러쯤에 팔 수 있기를 바랐다. 그는 이 쓰레기통을 합리적인 가격에

이케아의 재료들

- 어떤 소파는 쇼핑카트의 철망으로 만들었다.

- 스키를 이용해 만든 탁자가 있다.

- 탁자의 다리는 창문 공장에서 만들어졌다.

- 침대의 헤드보드는 문(door) 공장에서 만들었다.

- 셔츠로 만든 쿠션 커버가 있다.

- 플라스틱 양동이로 만든 의자가 있다.

- 양철 쓰레기통은 토마토 통조림 깡통으로 만들었다.

- 티라이트 홀더는 고압선 철탑을 이용해 만들었다.

- 자동차 타이어로 만든 액자가 있다.

만들 수 있는 공장을 물색해보라고 담당 팀에 지시했다. 아무도 그렇게 싼 값에는 할 수 없을 것 같았다. 20달러라면 만들겠다는 곳이 있었으나 더 이하로는 불가능하다고 했다. 당면 과제를 논의하던 중 캄프라드는 팀원들을 이케아 주방으로 데려가더니 토마토 수프 캔을 가리켰다. 이튿날 이케아는 그 깡통 제조사와 접촉했고, 10달러짜리 멋진 양철 쓰레기통을 만들기로 합의했다.

이케아의 디자이너들은 디자인을 고민하기 전에 먼저 제품의 재료를 생각하곤 한다. 일례로 이케아는 폴란드에서 새로운 재료를 찾아냈는데 원래 고압선 철탑과 배전반의 절연체로 쓰이던 물건이었다. 디자이너들은 이를 이용해 적당한 제품을 만들어보라는 지시를 받았다. 그들은 티라이트 홀더를 생각해 냈다. 마치 하얀 도자기로 만든 듯 보이는 그 홀더는 양초와 한데 어울려 근사한 모양을 이룬다. 같은 재료로 만든 세라믹 램프도 몇 가지 종류가 있다.

디자인 경제

이케아의 디자이너 자리는 쉬운 자리가 아니다. 디자이너들은 항상 형태와 기능과 가격을 고민해야 하는데 특히 가격은 신성불가침의 영역으로 잉바르 캄프라드가 가장 집착하는 요소다. 그가 이케아 매장에서 1파운드 가격표가 붙은 머그잔을 본다면 그는 디자이너들에게 똑같은 머그잔을 50페니에 만들라고 요구할 것이다.

이케아의 제품 관리자 열한 명은 스웨덴 남부 엘름훌트에 있다. 그들은 매일 낮은 가격과 품질 사이에서 줄다리기를 한다. 한 이케아 직원은 인정한다.

"그들은 정말 열성적입니다. 적은 예산과 경비 절감에도 최상의 디자인과 품질을 유지하려고 정말 열심히 일하죠. 저는 제품 관리자들을 부러워하지 않습니다. 그것은 아주 힘든 일이니까요."

계속해서 비용을 깎아나가며 소파나 책장 같은 가구의 품질을 유지한다는 건 이만저만한 싸움이 아니다. 각 매장에서 온 이케아 직원들은 엘름훌트의 디자이너들이 만든 신제품을 볼 기회가 있는데 그들의 질문은 모두 가격에 대해서다. 한 직원은 털어놓는다.

"우리의 첫 반응은 '멋지네요. 그런데 얼마죠?'입니다. 너무 비싼 듯하면 이렇게 말하죠. '반값으로 만드세요. 우린 시장을 알아요. 이케아에 비싼 건 필요 없어요.' 그러면 담당자는 우리의 조언을 디자이너들에게 전달하고 그들은 좌절합니다. 이따금 이케아 스웨덴에서 이런 연락이 옵니다. '2주쯤 기다리셔야 합니다. 디자이너들이 진정할 때까지 혹은 재고할 때까지요.' 아름다운 가구를 갖는 건 근사한 일이죠. 하지만 어디까지나 팔릴 때 얘깁니다. 디자인은 중요하죠. 많은 사람들이 찾는 디자인만이요."

디자인계에서 이케아의 명성은 세월이 지나며 점점 드높아졌다. 오늘날 많은 디자이너들이 이케아에서 일하길 원하는데 대중시장에서 팔리는 가구 디자인하는 법을 이케아가 가르쳐주리라 생각하기 때문이다. 초창기의 이케아 디자인은 하층민들에게나 어울리는 꼴불견의, 그저 기능적이기만 한 물건이라 여겨졌으나 시간이 흐르며 차츰차츰 더 아름다운 제품도 만들 수 있음을 보여주었다.

이케아에는 2만 종 이상의 제품이 있다. 이 중 9,500종이 전세계 매장에서 흔히 보는 단순하고 기능적인 핵심 아이템들이며 여기서 다시 가려 뽑은 대략 3,000여 종류가 카탈로그에 실린다. 비용을 낮추고 공급업자와 장기계약을 유지하려면 디자이너들은 2~3년을 내다보고 일해야 한다. 매년 3,000종의 신제품이 제품군에 추가되지만 성공적인 일부 제품만이 세월의 시험을 통과한다. 빌리 책장은 1978년 디자인된 이후 여전히 연간 1000만 개 이상 판매되는 인기 제품이다.

이케아는 그 저가 정책에 격분한 전통적인 가구산업계로부터 끊임없이 디자인 표절 혐의를 받아왔다. 2007년에도 이케아의 디자인은 런던 디자인미술관 전시회에서 캄파냐 형제가 브라질 판자촌을 멋지게 표현해서 주도한 디자인 트렌드에 아주 가까이 다가갔다.

　이케아는 철제 프레임의 앉는 자리와 등받이를 플라스틱으로 엮어서 '파르글라드'라는 의자를 만들었는데, 캄파냐 형제가 손수 만든 디자인 의자들의 비싼 가격과 비교해 훨씬 흡족한, 말 그대로 판자촌에 어울리는 9파운드라는 가격이었다.

　이케아 디자이너들은 전통적인 의미에서의 디자인 혁신자들은 아니지만 5파운드에 팔리는 의자를 디자인하는 일을 솜씨 좋게 해낸다. 스페인의 패션 브랜드 자라(Zara)가 밀라노의 패션쇼 무대에서 트렌드를 빌려와 시내 중심가에서 팔리는 시크한 디자인으로 재생산해내는 것도 이와 동일한 기술이다. 어쨌거나 이케아가 독창적인 디자인 때문에 칭찬을 받는다면 이는 논쟁의 여지가 다분하다. 그것은 어디까지나 디자인 표준을 모방할 뿐인 것처럼 보이기 때문이다.

이케아 디자인의 하이라이트

1951 일리스 룬드그렌, 차 트렁크에 테이블을 집어넣으려 애쓰다 플랫팩 가구를 발명하다.

1953 이케아 최초의 플랫팩 가구 막스가 디자인되다.

1963 마리안 그라빈쉬, MTP 나무 책장을 디자인하다. 이케아는 이것의 성공에 힘입어 폴란드 공급업체들과의 제휴에 박차를 가한다.

1969 아세 프리뷔테르가 파티클보드(나무 부스러기를 압축하여 수

지로 굳힌 건축용 합판―옮긴이)를 이용해 목재 사용량과 무게를 줄인 프리바트 의자를 디자인하다.

1974 올레 옐로브 크누센과 토르벤 린드, 현대식 플라스틱 소재를 이용해 스코파 의자를 디자인하다.

1978 빌리 책장이 디자인되다. 이후 30년 동안 2800만 개 이상이 판매된다.

1982 랙 선반(lack shelf, 별도의 지지대 없이 벽 속에 고정 장치를 박는 형식의 선반―옮긴이)을 만들다.

1997 아동용 가구(Children's Ikea)를 출시하다.

핫도그 가격

누구나 이케아에서 쇼핑을 하다가 놀라는 순간이 있다. 물건이 이토록 싸다는 사실이 믿기지 않고 이해하기도 어렵다. 이것은 입이 떡 벌어지는 기발한 노하우의 영역이다. 이케아 내부에서는 이렇게 터무니없이 싼 품목들을 길거리 가게에서 파는 50페니짜리 소시지에 견주며 '핫도그'라고 부른다. 다른 회사가 도저히 흉내 내기 어려운 이케아의 확고한 경쟁우위 가운데 하나는 간단히 말해 제품을 실제보다 더 비싸 보이게 한다는 것이다. 이것은 일반 대중이 원하는 바와 맞아떨어진다. 우리는 멋져 보이길 원하지만 그만큼의 돈을 지불하고 싶어하지는 않는다.

싼 재료를 구하는 것이 이케아의 낮은 가격의 핵심이다. 이케아의 디자이너와 구매자들은 항상 비싸지 않으면서 품질은 좋은 대안적 재료를 찾는다. 1960년대 초에 이케아는 종래로 쓰이던 티크 나무를 그보다 덜 비싼 참나무로 대체하는 트렌드를 주도했으며, 1970년대에는 저렴한 소나무 가구가 널리 보급되는 데 이바지했다.

1960년대에 파티클 보드의 도래는 이케아에 커다란 영향을 미쳤다. 1969년 아세 프리뷔테르는 프리바트 의자를 디자인했다. 파티클 보드를 주재료로 사용한 이 의자는 흰색 라커로 마감을 하고 갈색의 꽃무늬 크레톤 커버를 씌웠다. 이와 비슷하게 무게와 나무를 줄이기 위해 샌드위치 같은 틀에 눌러 만든 합판으로 원목을 대체한 '보드 온 프레임(board-on-frame)' 제품들은 이케아에 커다란 성공을 안겨주었는데, 대부분 폴란드에서 제작된다.

이케아의 가격이 싼 또 다른 이유는 제품을 생산하는 거대한 규모다. 규모의 경제가 가격을 마구 아래로 떨어뜨린다. 이케아의 베스트셀러인 작은 커피테이블 라크가 좋은 예다. 1990년 이케아는 약 24만 2,000개의 라크 테이블을 만들어 25.70파운드에 판매했지만, 2004년에는 200만 개의 테이블을 생산해 겨우 9.90파운드에 팔았다. 이케아는 절약되는 몫을 고객에게 돌려준다는 점에서 다른 대부분의 회사와 다르다. 당신은 개개 상품에 대한 이케아의 수익이 아주 적을 거라고 생각할지 모르지만 실제 이윤 마진은 엄청나다. 이케아 상품 정가의 17~18퍼센트가 순이익이다. 대부분의 경쟁사들이 한자릿수의 중간 이윤을 올리는 걸 생각해보면 믿기 어려울 정도다. 해외 진출에 성공한 영국의 슈퍼마켓 테스코조차 고작 6퍼센트의 이윤을 거두었다.

수요와 공급

이케아는 공급망에 비용을 낮추도록 어마어마한 압력을 가할 필요가 있었다. 아시아와 동유럽의 신출내기 공장들에 아무리 관대하다 해도(이케아가 요구하는 물량을 공급할 수 있도록 제조사들에게 기술과 안전장비를 투자했다), 공급망은 이케아에 극히 의존할 수밖에 없다. 이러한 의존성이 이케아로 하여금 가격을 내리기 더 쉽게 하는데, 이는 소매업에서 흔한 관행이다.

이케아 공급업자들에게는 가격을 낮추는 것 외에 별다른 선택이 없다. 예를 들어 과거에 문을 만들던 공장들에 특히 그랬다. 현재 그들은 이케아의 침대 헤드보드 수십억 개를 특정 치수대로 제작한다. 그들은 완전히 이케아 사업에 종속되었다. 이케아의 규모가 어떤 제조사에게는 축복이겠지만 양날의 검이기도 하다. 어느 이케아 전직 직원은 확신한다.

“이케아 성공의 열쇠는 실행력입니다. 어느 회사도 이케아보다 잘하진 못해요. 이케아가 들이닥쳐서 가격을 내밀면 그대로 따라야 하죠."

이케아는 또한 생산 시설을 전 세계 여러 나라(폴란드, 불가리아, 중국, 러시아, 스웨덴, 헝가리)에 분산시켜 놓았다. 제품이 동나는 위험을 줄이기 위해서다.

이케아의 공급망은 고도로 기계화되어 있다. 이케아는 창고 자동화의 선구자로, 창고 운영에 로봇을 도입한 최초의 회사다. 이케아는 제품이 공장에서 매장으로 오기 전에 머무는 광활한 격납고를 31개나 가지고 있다. 이들 창고는 말레이시아의 샤알람에서 영국의 피터버러까지 전 세계에 퍼져 있으며 총 면적이 1000만 제곱미터에 이른다. 그 천장이 높은 어두운 협곡 같은 건물에서 로봇 크레인 중대가 끊임없이 빙그르르 회전하며 상자들을 이 선반에서 저 선반으로 가만히 옮겨간다.

이론상으로 이러한 시스템은 수학적으로 정확하게 작동하도록 설계되었다. 가령 당신이 영국의 워링턴 매장에서 압레아드 주방용품을 산다고 하자. 당신이 새로 산 압레아드 주방용품은 계산대에서 기록되고 그렇게 판매가 계속되면 마침내 재고 부족 경고등이 켜지게 된다. 전자 메시지가 가장 가까운 물류센터로 전송되고, 그곳에서는 더 많은 압레아드 주방용품을 발송한다. 아주 매끄럽게 돌아가는 듯 들리지만 실제로는 일이 잘못되기도 한다.

캄프라드의 이러한 간소한 시스템은 아주 사소한 인적 실수가 시스템 전체에 영향을 미쳐 대혼란을 일으킬 수도 있다. 누군가는 창고에서 대기하고 있는 압레아드 제품의 선적을 깜박할 수 있고, 어떤 창고 직원은 하자가 있어 정리되는 조리대에 할인가를 붙이는 걸 깜박할 수도 있다. 그러면 시스템은 무너지고 만다.

누구나 이런 아수라장을 경험한 바 있을 것이다. 예를 들면 지난번에 동났던 팍스 붙박이장을 사려고 혼란과 무질서 그 자체인 이케아 매장에서 줄지어 늘어서 있던 적이 한 번은 있었을 것이다. 술탄 매트리스가, 콤플레멘트 신발장이, 팍스 미닫이문이 없다며 항의하는 성난 고객 무리와 어깨를 나란히 한 채.

이케아 이야기 중 가장 창의적인 부분은 이케아가 생산방식을 어떻게 변혁시켰는가 하는 것이다. 여러분은 혹시 이케아가 철도회사를 소유하고 있다는 사실을 알고 있는가?

2002년 설립된 이케아 철도(IKEA Rail)는 중국이라는 거대한 나라의 전역으로 물건을 실어 나르기 위해 선로를 건설하고 기차를 생산하는 회사이다. 이케아가 자체적으로 수송 인프라를 건설한 것은 이것이 처음이 아니다. 이케아가 처음 목재의 귀중한 공급원으로 러시아에 주목했을 때 러시아의 철도는 이케아가 제품을 회수하기에 여건이 썩 좋지 못했다. 그리하여 이케아는 자사의 트럭이 목재를 실어 나를 수 있도록 고속도로를 건설했다. 나는 다른 소매업 회사의 이야기에서 자체적으로 수

송 인프라를 만든다는 이야기는 들어본 적이 없다.

민주적 디자인에 대한 이케아의 야심에는 한계가 없는 듯하다. 1990년대 후반 이케아는 조립식 주택을 실험했다. 이 시범 프로그램은 보클록(BoKlok)이라고 불렸는데 스웨덴어로 '현명한 생활'이라는 뜻이다. 국제적 개발사 스칸스카와 손을 잡고 건설한 이 작은 건물들은 이케아의 디자인 정책을 통조림 깡통으로 양철 쓰레기통을 만들고, 쇼핑카트로 소파를 만드는 것을 넘어 이제 공동체 전체를 감당하는 것으로 확장시켰다. 2000년 이케아는 스칸디나비아 4개국에 1,000개 이상의 조립식 주택을 지으며 디자인 민주화를 논리적으로 매듭지었다. 그리고 2008년 '다수를 위한 집'을 제공하기 위한 '이케아랜드(Ikealand)'의 93개 플랫팩 주택 중 첫 번째 집이 영국에 선을 보였다.

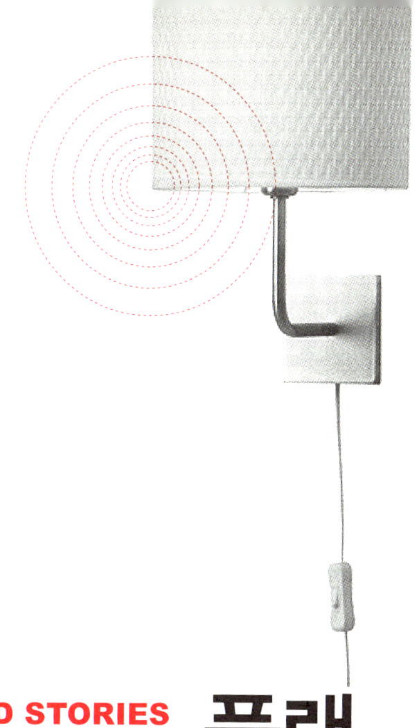

GREAT BRAND STORIES
GREAT IKEA!

A BRAND FOR ALL THE PEOPLE
ELEN LEWIS

flat pack city

이케아는 신종 교회다. 영국 가정 중에서 일요일에 교회에 가는 집보다 이 스웨덴 디자인 가구 신전에서 예배를 보는 집이 더 많다. 이것은 현대사회를 감싸고 있는 일종의 의례가 되었으며 그것이 오래전 사람들을 주말마다 미사를 드리러 가게 이끌었던 것만큼이나 강력하고 판에 박힌 일상임은 두말할 나위가 없다. 연간 전 세계 5억 8000만여 명의 사람들이 이케아를 방문하며 우리는 그곳에 가기 위해 160킬로미터가 넘는 거리도 기꺼이 여행할 각오가 되어 있다.

이케아는 단순히 물건을 사는 곳이 아니다. 이케아는 그 이상의 의미가 있다. 그것은 마음속의 행복이라는 것이 저렴한 가격과 마음에 드는 디자인의 결합을 통해 성취될 수 있다는 이케아의 신념으로 자신을 스스로 위안하고자 하는 쇼핑 역정이다. 이케아 매장은 절반은 창고이고 절반은 대성당이다.

이케아는 마치 현대의 박물관과 같다. 사람들의 집단본능을 고무한다. 손에 노란 쇼핑백을 들고 화살표를 따라 미로로 들어가서는 가지고 싶어 견딜 수 없는 한 가지 라이프스타일의 스냅숏에서 다른 스냅숏으로 이리저리 움직인다. 누구든 이곳에서 한 번쯤 길을 벗어나 보는 탐험가가 되기란 매우 어려운 일이다. 커다랗고 굵은 화살표가 당신을 정신없이 한 방향으로만 몰고 간다. 침실이나 거실이 가장 먼저이고 주방과 욕실로 가기 전 무엇보다 중요한 소파 코너가 있다. 그리고 또 테이블, 의자, 책꽂이들이……

이케아 체험에는 특별한 무엇이 있다. 당신은 그 여행에 끌려갈 수밖에 없을 것이며 그것은 자신의 힘만으로는 빠져나오기 어려운 원정이 될 것이다. 화살표에 이끌려 매장을 돌아다니다 보면 당신은 일종의 꿈을 꾸는 듯한 상태가 되는 것이다. 그러나 그곳은 미로이므로 그럼에도 길에서 벗어나 보려는 용감무쌍한 쇼핑객은 조심하라. 모로코의 바자, 시리아의 수크, 이집트의 낙타 시장은 이케아에 비하면 아무것도 아니다.

쿵엔스 쿠르바

오늘날 우리가 이케아에서 익숙한 모든 제품과 소매의 혁신은 스웨덴에서 발견되고 시험 되었다. 엘름홀트에 이케아 최초의 매장이 문을 연 지 7년 후인 1965년 6월 18일, 캄프라드와 그의 젊은 동료들은 스톡홀름 외곽 쿵엔스 쿠르바(Kungens Kurva, '왕의 커브길'이라는 뜻으로 국왕이 이곳에서 교통사고를 당해 이런 이름이 붙었다)에 본점을 열었다. 4만 8,500제곱피트의 매장은 6,700제곱피트에 불과한 이케아 첫 매장을 왜소해 보이게 만들었으며 네 배 이상의 매출이 기대되었다.

이 새로운 매장의 원형 디자인은 뉴욕 구겐하임 미술관에서 영감을 받은 것이다. 고객은 제일 위층에서 출발해 나선을 그리며 내려와 매장 전체를 둘러볼 수 있다. 개장 첫날 대기 행렬이 건물 전체를 칭칭 둘러싸 마치 거대한 실뭉치 같았다. 첫날 약 3만 5,000명의 고객이 왔으며 엘름홀트의 이케아 스태프들은 동료들을 돕기 위해 차를 몰고 수도로 급히 올라와야 했다.

대혼란이었다. 매장 전체는 잘 조직되어 있어서 사람들은 스스로 매장을 돌아다니면서 원하는 물건을 적고 도우미들에게 목록을 건네고 계산을 한 후 물건을 받으면 되었다. 하지만 주문 목록이 너무 긴 데다 계산원이 많지 않아 엄청나게 긴 줄을 서야 했다. 일부 고객들은 인파 속에서 기다리다 진저리가 나 그냥 가버렸지만 다른 고객들은 문제를 자력으로 해결하겠다며 창고로 가 물건을 직접 주위담았다.

바로 그때 잉바르의 아내가 그에게 전화를 걸어 이 대혼란에 대해 말했다. 그는 손님들에게 공짜 커피와 빵과 핫도그를 주어 그들을 행복하게 해주라고 아내에게 말했다. 그는 또한 고객이 직접 창고로 들어가 가구를 고르는 모습을 몹시 보고 싶어했다. 실제로 그는 그것이 좋은 아이디어라고 생각했으며 사람들더러 스스로 해결하도록 한다는 발상을 좋아했다. 그렇게 해서 셀프서비스의 콘셉트가 탄생했다.[*31]

캄프라드는 많은 사람이 멋지게 차려놓은 전시실에서 구경만 하고 아무것도 사지 않으면서 자신의 카펫만 닳게 하자 기분이 상했다. 그는 입장료를 물릴까도 고민했지만 그러다가 매장 코스의 끝에 무언가를 가져다 놓을 필요가 있다고 판단했다. 좀 더 작은 무언가, 사람들이 늘 사지 않으면 안 될 무언가를. 그리하여 매번 당신은 자신에게 필요한 줄도 몰랐던 자질구레한 장신구들을 사서 이케아 문을 나서게 되는 것이다. 그렇게 이케아라는 장터가 탄생하였다.

전 직원에게 배부된 이케아의 역사책 《미래는 기회로 가득하다》에서는 그 이유를 이렇게 설명한다.

손님이 몰려들면서 곧 문제들이 생겼다. …… 하지만 매장 유지비가 여전히 빠르게 증가했다. 어떻게 하지? 가격 인상? 어림없는 소리! 구경하러 온 사람들 때문에 왜 물건을 사는 사람들이 벌을 받아야 하나? 입장료? 글쎄, 손님을 문전에서 짜증 나게 하고 막아 세우는 것은 소매상인에게 썩 달가운 아이디어는 아니다. 문제의 해결책은 언제나처럼 틀에 박히지 않은 생각이었다…….[*32]

아이러니하게도 캄프라드가 고객의 쇼핑 경험을 개선하기 위해 매장을 확장하고 현대화한 결정적인 계기는 쿵엔스 쿠르바 매장의 화재 때문이었다. 1970년 전기 신호의 결함으로 건물 전체가 불탔고 스웨덴 역사상 최대의 보험금 청구가 이어졌다.

1971년 3월에 매장은 다시 문을 열었다. 입구 옆에는 아이들 놀이방이 있었고, 창고를 개방해 손님들이 그곳에서 자신이 사고 싶은 물건을 직접 골라 담을 수 있었다. 식당에서 스몰란드 요리들이 처음 개발된 것도 바로 이 매장에서다.

이케아 콘셉트

전 세계 모든 이케아 매장에는 입구 바로 옆에 아이들 놀이방이 있다. 대부분의 대기업이 매장에 탁아시설을 제공하지 않지만 이케아는 한다. 그것도 공짜로. 지점 관리자가 매장에 탁아시설을 원치 않는다면 허락을 받아야 한다. 탁아시설은 이케아의 일부이기 때문이다. 40여 개국 330여 개 이케아 매장 어디에서든 당신은 평화로이 쇼핑할 자유를 얻은 부모들과 색색의 볼풀에서 뛰어노는 아이들을 볼 수 있다. 물론 이따금 '아무개 씨, 놀이방으로 와서 댁의 말썽꾸러기 아이를 데려가십시오'라는 안내방송이 들리기도 한다.

이케아는 가족의 당일치기 소풍문화도 바꿔놓았다. 이케아에 갈 수 있는데 왜 굳이 바닷가까지 가야 하나? 집 근처 이케아에 가면 가족 모두가 즐거운데 왜 굳이 테마공원까지 가야 하나? 주말의 이케아 방문이 새로운 가족 나들이가 되었다. 이케아 방문은 옛날 풍물 장터에서 타던 유람차의 초현실적 버전이다.

모든 이케아 매장의 전시에는 패턴이 있다. 매장의 각 코너는 우선 다섯 개의 거실로 출발한다. 한때 매장들은 이러한 진열실의 순서를 바꾸려면 허가를 요청해야 했다. 프랑크푸르트 매장이 이러한 쇼핑 여행의 출발점을 다르게 바꾸었을 때 잉바르 캄프라드는 대단히 경악했다고 한다. 하지만 그도 나이가 들면서 조금 유연해져서 북런던의 이케아 매장은 침실에서부터 시작된다.

각 진열실은 특정 유형 사람들의 관심을 끌도록 이케아 디자이너들에 의해 공들여 만들어졌다. 스칸디나비아 스타일, 전원 스타일(영국에서 특히 인기가 있다), 모던 스타일, '스웨덴 젊은 세대' 스타일이 있다. 이케아 디자이너들은 각 진열실을 준비할 때 머릿속에 고객의 세세한 상을 그린다. 어떤 종류의 옷을 입는지, 어떤 차를 모는지, 취향은 어떤지, 아주 세세한 부분까지 염두에 둔다.

이케아의 이동 경로는 우리가 적어간 구입 목록만 사는 걸 불가능하게 만든다. 아주 절제력 있는 쇼핑객이라도 이케아에 전시되어 있는 걸 보기 전까지는 자신이 갖고 싶어했는지도 몰랐던 물건을 구입하려는 유혹을 떨쳐내기가 대단히 어렵다. 이것은 영리한 판매기술로 사람들은 별로 강요받는다는 느낌 없이 전에는 생각하지도 않았던 것을 사도록 교묘히 조작 당한다. 한 이케아 팬은 시인한다.

"저 같은 사람에게는 대단히 위험한 가게죠. 제 코앞에 있지 않았다면 결코 사지 않았을 물건들을 늘 사니까요."

그리하여 우리는 결국 100개들이 티라이트와 펭귄 얼음틀, 라테 거품기, 3개들이 마티니 잔, 나무숟가락, 조약돌 3개를 찍은 거대한 흑백사진을 사게 된다. 이것이 어떤 고객들에게는 맘에 드는 부분이다. 어떤 이는 말한다.

"집에 무엇을 갖고 가게 될지 절대 알 수 없어요. 커튼을 사러 왔다가 신발장이나 침대 옆 테이블을 사가게 되지요."

이케아 사람들은 항상 다양한 상품군이 곧 자신들의 진면목이라고 말한다. 반스앤노블 같은 미국 서점은 '다양성의 권위(authority of range)'라는 표현을 쓰는데, 이케아도 그것을 가지

고 있다. 그것은 신중하게 편집된 선별이라기보다는 산더미와
도 같은 선택이다. 이케아는 다른 경쟁 대형매장보다 열 배나
많은 사업을 벌이고 있으며, 몇 개의 핵심 라인에 집중하기보
다는 거대하고 다양한 품목을 거느리고 있다. 사람들이 매장
을 재빨리 편리하게 지나가도록 하기보다는 매 상품 하나하나
마다 퍼레이드를 하도록 만든다.

버딕트 리서치 사의 소매업 애널리스트 개빈 로스웰은 이케
아를 '카테고리 킬러(category killer, 스포츠용품 · 가전제품 · 가구
등 상품 분야별로 여러 곳에 특화된 전문매장을 갖추고 이를 집중적
으로 판매하는 소매업태—옮긴이) 형태'라고 평한다. 그에 의하
면 이케아 매장의 평균 크기는 19만 제곱피트다. 어떤 소매상
도 그렇게 큰 매장을 갖추고 있지 않다(영국에서는 확실히 그렇
다). 아스다 슈퍼마켓의 가장 큰 매장이 약 10만 제곱피트이
고, DIY 용품점 B&Q의 가장 큰 매장이 13만 제곱피트다. 이
케아 매장은 우주선과 같다.

나는 이케아에 정통한 단골들로부터 이케아의 비밀통로에
대한 소문을 들었다. 자기만의 길을 따라 매장을 누비고 싶은
모험심 강한 쇼핑객을 위한, 지도에는 표시되지 않은 문이 있
다고. 온라인 채팅방에서 이 소문을 듣고 직장동료 조에게서
이에 관한 자세한 설명을 듣자마자 나는 이 비밀의 문을 찾아
나섰다. 《거울 나라의 앨리스》의 앨리스처럼 나는 표시되지 않
은 문을 밀고 들어갔다. 하지만 매장 홀의 불빛에 눈이 부실 뿐

이었다. 그래도 덕분에 주방과 침실, 사무용품 전시실을 빼먹을 수 있었다.

가족의 일부

이케아 세계를 거쳐갈 때 당신은 가족의 일부가 된다. 당신이 손수 가구를 나르고 조립해야 하지만 노란 셔츠를 입은 이케아의 충실한 12만 7,000명의 직원들은 이것이 당신에게 이롭다고 믿는다. 소매업계 내부에서는 이렇게 적극 참여하는(proactive) 이들을 소비자가 아니라 프로슈머(pro-sumer)라고 부른다.

이케아는 반(反) 서비스 소매점이다. 고객에게 많은 것을 요구한다. 이케아의 플랫팩 철학은 고객들에게 스스로 가구를 만들고, 매장을 돌아다니고, 차를 타고 시내를 벗어나라고 부추긴다. 사들인 물건들을 가득 싣고 차까지 가다가 야트막한 콘크리트 진입 방지 말뚝들이 카트를 막아서면 쇼핑객들은 자신들의 차와 물건이 실린 카트 사이를 필사적으로 뛰어야 한다.

이케아의 입지가 교외인 것도 고객의 경험을 강화한다. 아이들 놀이방과 저렴한 식당은 고객이 더 오래 머물도록 부추긴다. 때로는 식당만 찾는 손님도 있다. 내 친구 하나는 스웨덴 여자친구와 이케아에 가곤 했는데 출구 쪽의 식품판매소에서 그녀가 제일 좋아하는 고향 음식을 왕창 사들이기 위해서였다.

또 다른 친구의 5살 난 딸은 이케아를 '주변에 따분한 가구들이 놓여 있는 멋진 레스토랑'으로 생각한단다.

나는 조용히 식당에 앉아 오가는 사람들을 바라본다. 이른 일요일 아침, 이케아 식당은 쇼핑 마라톤을 앞두고 연료를 공급하려는 들뜬 쇼핑객들로 빼곡하다. 할머니와 아기들, 10대 청소년들, 게이 커플들, 신혼부부들, 임산부들, 아버지와 아들들이 있으며 그들은 운동화, 하이힐, 샌들, 슬리퍼, 지미 추 구두, 캐터필러 부츠를 신고 있다. 이케아 식당 안은 사회의 축소판이며 모두의 공통점은 1파운드짜리 아침식사와 바닥이 안 보이는 큼지막한 커피잔과 노란색의 커다란 쇼핑백이다. 그리고 모두들 음식을 먹어댄다.

물론 이케아에 적응이 안 되는 사람들도 있다. 한 할머니는 낡은 티백 통에서 숟가락으로 커피를 덜어내려 하고, 다른 할머니는 빈 컵에도 돈을 주어야 한다는 사실에 당혹해하며 계산을 마치고는 컵에 콜라를 채우다 원하는 만큼 계속 보충이 가능하다는 사실을 알고는 기분이 좋아진다.

이케아는 고객들도 이케아 방식으로 일하게 만든다. 심지어 고객이 원치 않을 때에도. 이케아 식당에서 식사를 하고 나면 그릇을 각자 치워야 하는데, 벽에는 이런 글이 붙어 있다.

> "식사가 끝난 후 자기 테이블을 정리하는 것이 이케아의 음식값이 싼 이유입니다."

영국에서 단돈 1파운드로 아침식사를 해결했다는 사실을 놓고 생각해보면 꽤 합리적인 설명이다.

카페의 중앙에는 커다란 토마토케첩 기계가 있다. 그것은 이케아와 사람들의 복잡한 관계를 상징하는 듯 보인다. 무수히 많은 사람들이 줄지어 서서 소시지에 케첩을 얹기 위해 레버를 위아래로 계속 움직여댄다. 그러나 기계가 고장나서 아무도 케첩을 얻지 못했다. 하지만 그 누구도 불평하지 않는다. 그 모습을 보고 있는데 언젠가 우리집 거실에 있던 이케아 커피테이블이 한쪽으로 기울었을 때 이를 당연한 듯 받아들이며 작년치 카탈로그로 다리를 괴었던 게 떠올랐다.

이케아는 이전에는 볼 수 없었던 가격의 투명성과 고객 서비스를 도입했다. 싼 가격을 좋아한다면, 우리는 더 많은 일을 할 준비가 되어 있어야 한다.

특기할 만한 것

이케아의 작은 갈색 연필은 이케아 쇼핑 경험에서 빼놓을 수 없는 부분이다. 이 연필은 이케아 제품의 일련번호를 적을 때 쓰이는 것 외에도 여러 삶을 산다. 지중해 유람선에서 빙고 게임을 하는 이들이 카드에 표시할 때 쓰기도 하고 스코틀랜드 축구 심판이 경기 내내 이 연필로 수첩에 필기하는 모습이 포착되기도 한다. 골퍼들이 스코어카드를 적을 때 쓰기도 하고 선생님들이 책상에 여벌로 준비해놨다가 제자들에게 나눠주기도 한다. 연필 하나는 급기야 온라인 경매 사이트 이베이에 오르기도 했는데 입찰가는 단돈 1페니였다.

스코틀랜드의 이케아 매장 직원들은 고객들이 연필을 수없이 좀 도둑질한다고 넌지시 내비쳤다. 한 스태프의 말에 따르면 이케아라는 글씨가 새겨진 이 나무 연필 한 움큼을 담을 수 있는 운동복 하의를 입고서 정기적으로 재고 보충을 위해 특별 방문을 하는 손님도 있다고 한다.

7층 지옥

우리 모두는 이케아와 애증관계를 맺고 있다. 많은 사람들이 이케아 마니아다. 그들은 이케아 매장 방문에 마음이 끌려 쇼핑을 하러 간다. 하지만 길게 늘어선 줄, 번거로운 일들, 말다툼하는 2만 쌍의 커플들에 이내 불만이 쌓이게 되고 다시는 오지 않겠다고 맹세한다. 하지만 그 맹세는 다음 방문 전까지만이다. 품절된 물품들, 야단법석인 사람들, 형편없는 고객 서비스…… 사람의 아주 작은 실수가 시스템 전체에 파급되면, 고객들은 자동차 지붕 위의 짐칸에 박스를 싣고 집으로 차를 몰며 이케아를 몹시 비난하게 된다.

"이케아는 완전히 지옥이야."

내 친구 라이언은 큰 소리로 불평을 해댔다.

"책꽂이를 사러 갔어. 품질도 좋고 싸고 디자인도 멋지니까. 간 김에 깔개도 볼 겸 말이야. 그런데 대신에 터무니없는 미래형 주방, 끔찍한 푸톤(futon, 요를 뜻하는 일본어 '후동'에서 유래한 얇은 매트리스로 낮은 나무 프레임에 깔아 침대로도 쓰고 접어서 소파나 의자로도 쓴다—옮긴이), 괴상한 수납가구 사이로 난 2피트나 되는 통로를 지나가야 했지. 그런데 내 예비신부는 조각보 담요를 보러 가자고 이 불쌍한 놈을 악착같이 끌고 다니는 거야. 5파운드밖에 안 한다며.

난 거기서 뭘 골라야 할지, 번호를 어떻게 적는지, 창고에서 물건을 어떻게 고르는지 몰라. 결국 엉뚱한 데로 카트를 몰고 갔지. 크로이던의 교통체증에 걸려 2시간이나 꼼짝 못하고 있으면 다시는 가지 않으리라 맹세하게 돼. 물건은 좋아. 그래서 두 달 후에 옷장이 필요해지면 전혀 달갑지 않은 그 경험을 되풀이하게 되지."

이것은 대다수와 동떨어진 반응이 아니다. DIY 채팅룸의 한 실망한 쇼핑객은 이렇게 말한다.

"다시는 안 갈 거예요. 너무 스트레스를 받아서 꽃무늬 커버를 반환해 달라고 할 생각이에요."

또 다른 이는 이케아가 폐소공포증을 유발해 빠져나갈 수 없다고 말한다. 그 고객은 어쩌면 비밀통로를 찾다가 그렇게 된 것일지도 모른다. 내 친구 캐럴린의 어머니는 이케아에서 거의 실신할 뻔하고는 그곳을 '7층 지옥'이라고 불렀는데, 한번 들어가면 나올 수 없기 때문이란다.

내 동료 레베카는 남자친구의 특히 고통스러웠던 방문을 회상한다.

"한번은 존이 누나와 이케아에 갔어요. 일 년 동안 캠핑카에서 살다가 새집으로 이사한 누나는 새로운 살림살이가 많이 필요했죠. 3시간쯤 지나서 존은 누나에게 계속 쇼핑을 하라고 하고 자신은 식당에 앉아 기다렸어요. 5시간 후 그는 누나를 다시 찾아내 그녀에게 자신은 걸어서 돌아가겠으니 차를 가지고 오라고 했지요. 교외에 있는 이케아에서 집까지 걸어오는 일은 쉽지 않았어요. 그의 누나는 이케아에서 10시간 동안 쇼핑을 한 후 집으로 돌아왔어요."

당신은 이 모든 줄서기(아침식사, 점심식사, 주방용품 가이드, 욕실용품 가이드, 계산대에서)가 끝나면 물건을 챙기자마자 차에 곧장 뛰어들고 싶으리라 생각할 것이다. 하지만 그렇지 않다.

거기에는 월귤과 미트볼과 호밀 비스킷이 가득한 식품판매대가 있으며 놀랍게도 35페니밖에 하지 않는 핫도그 매점도 있다. 카트에 플랫팩 가구를 가득 실은 쇼핑객 50여 명이 값싼 스웨덴 먹거리라는 쇼핑 여행 후의 보상을 바라며 그곳 계산대 앞에 뱀처럼 구불구불 줄지어 선다.

또한 '미스터 휘피' 아이스크림을 파는 셀프서비스 기계도 있다. 마라톤 쇼핑의 끝에 이보다 나은 식도락이 있을까? 이 책을 위한 조사를 도와준 루스는 말한다.

"기나긴 쇼핑 여행 끝에 이렇게 큰돈 안 드는 보상을 받는 건 정말 기분 최고예요. 나빴던 기분도 다 잊게 되지요. 아마도 종착지에 미스터 휘피가 있다는 게 제겐 더 중요한가 봐요."

이케아의 일 처리 방식 중 갑자기 시스템이 멈춰버리는 경우는 고객들을 짜증 나게 한다. 내 친구 에이미는 투덜거린다.

"금요일에 이케아 옷장을 조립하다가 그들이 엉뚱한 문을 줬다는 걸 알게 됐어. …… 그래서 우리는 매장으로 재빨리 다시 갔지. 반품 부서의 담당자가 한 명뿐이어서 30분이나 기다렸어. 그리곤 다시 매장의 옷장 코너로 가서 맞는 문을 재주문했지. 그러고 나서 창고로 내려와 문을 빼올 때까지 또다시 30분을 기다렸어."

이케아 시스템에 완전히 숙달된 사람들도 있다. 내 동료 모랙은 이렇게 털어놓았다.

> "이케아 방문이 무척 즐거워. 경험에서 배울 수 있으니까. 그 서비스 시스템의 기본 골격이 어떤 식으로 작동하는지 모르면 짜증이 날 수 있어. 그리고 늘 뭔가 새로운 불편 사항들이 생기지. 일요일에 이케아가 광고하는 것보다 1시간 일찍 문을 열어 특정 품목들의 재고가 있는지 훑어보고 확인 전화를 하고, 다른 데서는 전혀 팔릴 것 같지 않은 전구와 플러그를 다량 구입한다는 걸 안다면 웃지 않고는 못 배길 거야."

우리는 전에는 상상도 하지 못했던 시간대에 쇼핑을 간다. 특히 야간에 이케아에서 쇼핑하는 것을 즐기는 사람들이 있다. 그들은 오후 10시쯤 매장에 도착해 핫도그와 와인 한 잔으로 배를 채운 후 자정까지 쇼핑한다. 이케아는 영국에서 24시간 영업을 할 수 있도록 로비 중이며 우리는 숨죽이고 그 결과를 기다린다.

이케아 대행업의 성행

코끼리 떼를 따르는 황로 무리처럼 많은 신생산업이 이케아

주변에 속출한다. 북런던에서 밴을 모는 한 사내는 고객이 원하는 상품을 카탈로그에서 주문받아 쇼핑 대행을 해준다. 글래스고에 이케아가 문을 열기 전, 스코틀랜드의 한 사내는 대형트럭을 몰고 게이츠헤드(잉글랜드) 지점까지 내려가 스코틀랜드인들을 위해 가구들을 사왔다. 한 달에 그가 구매하는 것이 수천 개에 달했다. 아일랜드의 한 코치는 워링턴(잉글랜드) 매장을 방문하려는 이케아 팬들을 아일랜드 해를 넘어 태워다주는 부업을 한다.

북런던 브렌트 파크 복합매장 바로 밖에는 이케아의 조립가구를 대신 조립해준다고 알리는 모 회사의 낡은 포스터가 붙어 있다. 돈을 아끼려고 이케아 가구를 사러왔다가 지친 나머지 길 건너 누군가에게 그 힘든 일을 시킬 쇼핑객이 과연 얼마나 될지 궁금하다. 그들은 조립 과정상의 많은 노고를 줄일 수 있겠지만 아마도 이케아는 달가워하지 않을 것이다.

집에 가서 가구를 만들며 우리는 비로소 이케아라는 브랜드와 하나가 된다. 당최 못 알아먹을 조립설명서와 씨름하고, 포장 안의 육각렌치를 그대로 쓸지 부엌칼을 대신 쓸지 제비뽑기를 하면서 말이다.

그러나 이 지난한 과정이 가게에서 본 모습 그대로 배달된 완성품보다 당신이 구입한 이 물건에 더 애착이 가게 한다. 새로운 가구를 장만한다는 흥분보다 그런 자부심이 더욱 크다. 루스는 추억에 잠긴다.

"제 푸톤이 정말 좋아요. 만들기가 아주 복잡했거든요. 하지만 이젠 사람들이 그 위에서 잠을 자죠. 제 평생 처음으로 쓸모 있는 무언가를 만들어본 것 같아요. 제 모든 게 담겨 있지요."

한 친구가 남편더러 함께 쓸 침대를 사오라고 시켰다. 남편은 더블사이즈 매트리스에 킹사이즈 침대 프레임을 사왔다. 그들 집은 너무 작아서 옷장 문을 열 수도 없었다. 그녀는 웃으며 내게 말했다.

"그게 바로 남자, 쇼핑, 손수 가구 고르기가 만난 결과지."

내가 작고 지저분한 런던 아파트에서 살 때(처음으로 혼자 살기 시작한 때였다) 구입한 첫 텔레비전 장식장이 기억난다. 이제 더는 셰익스피어 전집이나 옥스퍼드 영어사전, 전화번호부로 텔레비전을 괴지 않아도 된다니 꿈만 같았다. 하지만 나는 그만 장식장의 뒷면이 앞으로 오게 조립해버렸고 그 후 2년 동안 자작나무 합판 대신 뒷면의 마감이 안 된 합판 선반을 바라봐야 했다. 그리고 빌리 책꽂이도 있었다. 키가 어찌나 큰지 조립하다 지쳐버린 나는 꼭 필요할 것 같지 않은 못은 대충 넘어가 버렸다. 그래서 그 옆을 지나갈 때마다 벌어진 부분의 선반들이 다시 붙도록 매번 발로 살짝 차주곤 했다.

이케아의 조립가구에는 단순히 비용절감 수단 이상의 무언가가 있다. 그것은 복음 전도의 도구이며 선과 정직과 스웨덴

식 노동의 가치를 가르치는 도덕적 십자군이다. 그리고 이것
이 우리가 이케아 가구에 애착을 갖게 되는 이유다. 그 종교적
의례가 우리를 구입품과 더 가깝게 결속시킨다.

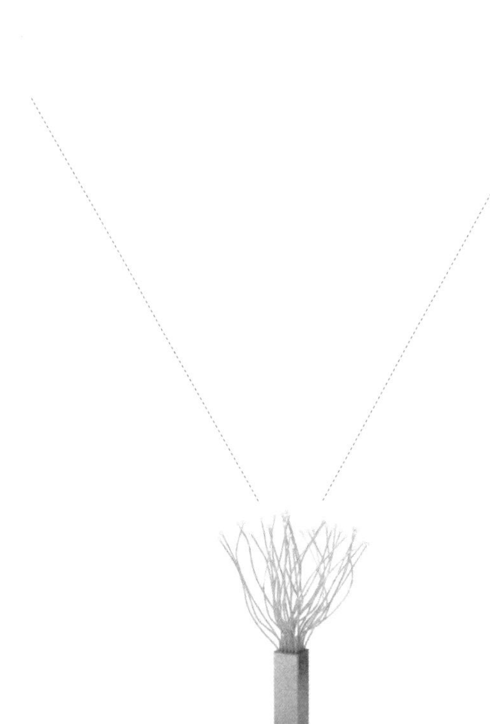

7

꽃무늬는 내다 버려

GREAT BRAND STORIES
GREAT IKEA!
A BRAND FOR ALL THE PEOPLE
ELEN LEWIS

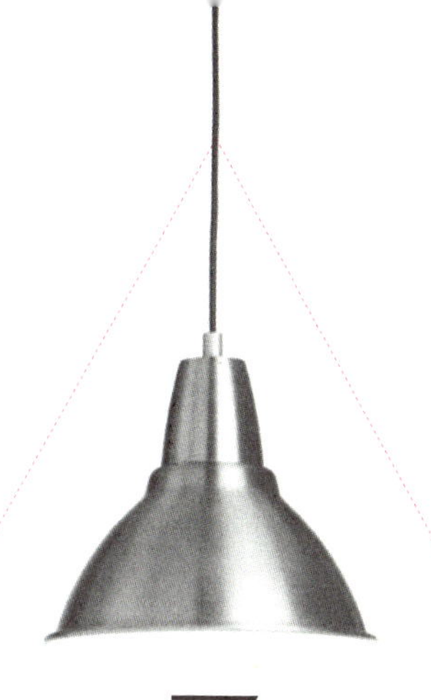

이케아 사람들은 자신들을 조용한 반항아라고 부르곤 한다. 그들이 항상 해야 하는 일 중 한 가지는 견고한 기성 사회의 사고방식에 맞서 그것을 흔들어놓는 일이다. 이케아 광고는 이러한 사회적 변화를 주장하는 데서 결정적인 역할을 담당하는데 이는 사람들이 행동을 바꾸도록 설득하기 위해서다.

이케아는 우리에게 많은 걸 요구한다. 동네를 벗어나 쇼핑을 떠나라고, 창고에서 자기가 필요한 가구를 골라 조립하라고, 우리의 전통적인 꽃무늬 실내장식을 현대적인 스칸디나비아 실내장식으로 바꾸라고. 또한 광고는 일회용 패션가구라는 개념을 수용하도록 소비자들을 꼬드긴다. 이것은 지겨워지면 바꾸고 교체할 수 있는 가구라고, 더 이상 소파를 평생 쓰려고 살 필요는 없다고.

초창기의 이케아는 신규시장의 광고에서 스웨덴 회사라는 것을 강조했다. 이케아는 스웨덴의 전형적인 이미지, 곧 생기 넘치고 유쾌한 말코손바닥사슴(소목 사슴과의 포유류로 영미권에서는 무스, 유럽에서는 엘크라고 부른다—옮긴이)으로 홍보되었다. 지금의 이케아로서는 몹시 숨기고 싶어하나 이것은 그 후 오랫동안 이케아의 상징이 되었다. 이와 유사하게 이케아가 1980년대에 프랑스에서 내보낸 TV 광고의 카피는 '미쳤어, 이 스웨덴 놈들(Ils sont fous, ces Suedois).'이었다. 이케아는 자사를 조롱거리로 삼는 걸 결코 두려워하지 않았다.

스몰란드에 관한 좀 더 진지한 지면 광고가 1981년 스웨덴에서 선보였다. 스웨덴 남부 시골의 메마른 돌담 사진 아래 이케아의 철학이 설명돼 있었다. 이 광고를 제작한 것은 스웨덴의 광고대행사 브린드포르스로 이케아의 영혼을 상징하기 위해 스몰란드의 대표적인 풍경을 보여주자는 생각이었다. 거기에는 이렇게 쓰어 있었다.

"이케아의 영혼은 제자리에 있습니다. 스몰란드의 농부처럼 우리의 가치는 현실적입니다. 달콤한 수확을 위해 우리는 고된 현장에서 땀 흘려 일합니다……."*34

도전하는 브랜드

이케아가 신규시장에 진출할 때는 세 가지의 선택이 있다. 서로 다른 방식으로 인해 확장하기에 부적합한 나라들은 단념하는 안, 현지인들이 좀 더 받아들일 만한 것을 제공하는 타협안, 자신의 생각을 고수하며 그 지역의 신념과 취향에 도전하는 안.

놀랍지도 않게 이케아는 항상 세 번째 안을 선택한다. 이케아는 스스로를 현 상황을 뒤흔들기 위해 투하된 이방인, 경쟁 브랜드로 포지셔닝한다. 그러면서 스웨덴적인 것에 기대기도 하고 때로는 그것을 전혀 언급하지 않기도 한다. 어느 독일 광고에서는 '빌어먹을 이케아—사랑스러운 이케아(Verdammtes IKEA—geliebtes IKEA)'라고 하고 또 다른 데선 '이케아, 상식을 위한 스웨덴 양식'이라고 말한다. 스위스에서는 단순히 '고상한 체하지 마.'라고 말하는 광고를 냈다.

이상적인 경쟁 브랜드로서 이케아는 다른 브랜드들보다 광고에서 더 많은 위험 부담을 안는다. 하지만 이케아가 스웨덴 브랜드라는 사실은 다른 브랜드들은 말할 수 없는 것을 가능하도록 허락해준다. 그래서 1990년대 말 영국에서 이 스웨덴 가구회사는 "영국식은 그만."이라고 말할 수 있었다. 아마 영국 가구회사라면 그런 말은 할 수 없었을 것이다. 이케아에게 이방인이 된다는 것은 더 많은 것을 비난받지 않고 해낼 수 있다는 뜻이다.

이케아는 미국 텔레비전 광고에 게이 커플을 등장시킨 최초의 브랜드다. 1994년 30초짜리 광고에서 30대 동성 커플이 어떤 식탁을 살지를 놓고 말다툼 중이다. 한 명이 농담을 한다.

"테이블 보조판(table leaf)도 사자는 건 같이 살자는 거잖아. 우리가 정말로 함께 산다면 다른 잎(leaf)도 기다리고 있을 거야."[*35]

미국 언론이 이 '대담한' 광고에 대해 질문하자 이케아는 심드렁하게 답했다. 이케아의 마케팅 이사 피터 코널리는 말한다.

> "우리는 이제까지 아이가 여럿인 가족, 신생아가 있는 가족, 이혼한 여성, 갓 가정을 꾸린 커플 등을 보여주었습니다. 이번에 저희는 생각했습니다. 다른 가정으로는 어떤 형태가 있을까? 그래서 우리는 게이 커플, 중년 커플, 노인 커플을 보여주기로 결정했습니다."[*36]

이케아는 글로벌 기업이지만 마케팅에 특정한 한 글로벌 광고사만 고용한 적은 없다. 각국의 관습과 유머를 건드릴 수 있는 작고 독립적인 대행사들과 더 긴밀한 관계를 구축하는 편이다. 비즈니스 모델과 소매 환경에서 천편일률적인 접근방식을 쓰는 브랜드가 광고에서는 각각의 지역정서에 호소하는 걸 선호한다는 사실이 흥미롭다.

영국식 취향 바꾸기

이케아 광고는 전 세계에서 많은 상을 받았다. 그중 1990년 대 말 영국에서의 한 텔레비전 광고가 특히 흥미로운데, 이케 아가 어떻게 사람들이 취향을 바꾸도록 설득하는 데 성공했 는지를 보여주기 때문이다. 17년 전의 첫 광고는 영국 대중에 게 이케아를 소개하고 잉글랜드 북부 워링턴에 있는 첫 이케 아 매장에 대한 인지도를 높였다. 1987년의 그 광고에는 잠옷 을 입은 한 여인이 침대에 누워 있는 장면 위로 이러한 내레이 션이 흘러나온다.

"이 침대는 잠옷보다 쌉니다."

이후의 광고 중에는 유명한 영국의 방송인 키스 체그윈이 침 대에서 방방 뛰며 "싸지만 좋아요!"라고 외치는 것도 있었다. 그러나 이렇게 가격에 초점을 맞춘 광고들은 변명하는 것처럼 들린다. 이케아 최고의 광고는 싼 가격만 내세우는 것이 아니 라 요지부동인 사람들의 사고방식을 무례하고 과감하게 바꾸 려고 시도함으로써 만들어졌다.

십 년 넘게 가격에 초점을 맞춘 이케아 UK의 광고는 효과가 없었고 영국에서의 성장은 정체되어 있었다. 1996년 영국에는 7개의 매장이 있었고 4개를 추가로 오픈하도록 허가했으나 수 요가 더 이상 없을지도 몰라 염려하고 있었다.

이케아의 검소함은 마케팅 예산에도 스며들었다. 이케아는 전통적으로 경쟁사보다 광고비를 적게 쓴다. 당시 영국에서 이케아의 광고 예산은 전체 시장의 약 8퍼센트에 해당했는데 지역 경쟁사 MFI의 약 30퍼센트와 비교해 대조된다. 이케아는 영국에서 약 1100만 유로, 프랑스에서 430만 유로를 지출했다.

내가 인터뷰한 모든 광고대행사의 중역들은 잉바르 캄프라드가 마케팅을 승인하지 않는다고 알려주었다. 비용으로 보기 때문이다. 이케아는 사람들에게 새로운 매장을 오픈했다고 말해주고 싶어하지만 당신이 어떤 생각을 하는지 아는 데에는 별로 관심이 없다. 이케아는 세상이 자신들의 결론을 따라와 주는 편을 좋아한다.

이케아의 광고예산이 적다는 것은 이케아가 대중과의 소통에 빈약해 보인다는 의미다. 그 가구 광고가 항상 정형화된 규칙(항상 제품을 보여주고, 가격을 보여주고, 지면 광고와 포스터 광고를 많이 이용하고, 텔레비전에는 돈을 적게 쓴다)에 따르기 때문에 이케아는 보이지 않게 된다.

이케아가 영국에서 거래한 광고대행사는 세인트루크스(St Luke's), BBH, 멜러스 레이(Mellors Reay), AMV였다. 이 네 대행사는 독창성 때문에 선택된 듯하다. BBH는 아주 유명한 런던의 광고대행사 중 하나이며 리바이스 광고를 만들어 상을 받았다. AMV는 『이코노미스트』의 인쇄 광고, 서평과 맥주를 결합시킨 기네스 광고로 수상 이력이 있는 대행사다. 창의력 넘치는 유망 광고대행사 멜러스 레이는 이후 글로벌 광고대행사 그레이에 인수되었다. 반면, 당시 세인트루크스는 TBWA 출신의 경영자들이 직원 전체가 공동 소유하는 새로운 형태의 광고대행사를 꿈꾸며 막 설립한 회사였다.

광고는 2개월씩 집행되었으며, 1999년 이케아의 사장이 된 안데르스 달비그(Anders Dahlvig)와 영국 마케팅 이사 매티 나르(Matti Naar, 현재는 미국에서 이케아 마케팅을 책임지고 있다)가

주재했다. 광고에 참여한 광고대행사들에 따르면 이케아 사람
들은 그들이 출시하는 제품에는 별 관심이 없고 사람들과 함
께 일한다는 데 더 관심이 있었다고 한다. 광고에 참여한 대부
분의 대행사는 이케아가 영국 대중에게 호소하기 위해서는 제
품을 수정해야 한다고 제안했다. 그러나 세인트루크스는 이케
아에게 사람들의 취향을 바꾸도록 시도하라는 제안을 했다.

<h2 style="text-align:center">잉글랜드 중산층
vs 스칸디나비아 생활양식</h2>

현대적 스칸디나비아 가정생활을 대표하는 이케아는 잉글
랜드 중산층으로 확산을 시도했지만 그들 중 3분의 2가 현대
적 실내장식을 좋아하지 않았다. 당시 포커스 그룹은 사람들
이 이케아에서 물건을 사지 않는 건 너무 현대적이고 너무 차
갑기 때문이라고 말했다. 그들은 좀 더 영국적인 것, 따뜻한 색
깔과 꽃무늬를 원했다.

이케아는 꿈쩍도 하지 않았다. 그것은 이케아가 변경할 수
없는 글로벌 콘셉트였다. 제품을 바꿀 수 없다면 사람을 바꾸
라는 것이 이케아의 철학이었다. 그런 일을 해내야 했다. 사람
들에게 현대적인 것이 좋으니 취향을 바꾸라고 설득하는 일은
광고업계로서는 대단히 어려운 과제였다. 이케아의 광고는 항

상 상대하는 적수가 있을 때 가장 뛰어났다. 1996년 영국에서의 적수는 '꽃무늬'였다.

세인트루크스 광고대행사는 이케아와 영국 스타일 사이의 전쟁을 상상했다. 가정에서 영국적 취향의 가장 강력한 상징은 소파와 쿠션, 침대, 창문을 감싸고 있는 꽃무늬 천들이었다. 여성들에게 방을 대청소하고 스칸디나비아 스타일로 바꾸라고 촉구하는 '꽃무늬는 내다 버려' 광고는 1996년 가을부터 시작되었다. 텔레비전 광고는 한 주택단지의 일군의 여성들이 모든 낡은 꽃무늬들, 전통 가구들, 커튼, 접시 깔개 등을 밖으로 내던지고 모던한 이케아 가구와 장식품들로 대체하는 모습을 보여준다. 사운드트랙에서는 광고를 위해 특별히 작곡된 1960년대 저항가요 풍의 노래가 흘러나온다. 시작은 이렇다.

"꽃무늬는 내다 버려. 오늘 당장. 커튼 덮개도 뜯어서 던져 버려. 소파가 너무 어지럽고 바보 같고 유치해 보여. 꽃무늬들이 우리 이미지를 망치고 있어."

그러다 이케아 스타일의 가정으로 장면이 바뀌면 노랫말은 이렇게 울려 퍼진다.

"집이 넓어지고 바람도 잘 통하고 밝아졌어. 더 자유롭고 편안하고 줄무늬에다 환하지."[*37]

세인트루크스의 공동 창업자 존 그랜트는《신 마케팅 선언》에서 연구자들이 이케아 관리자의 집에 모였을 당시를 회상한다. 그 모임은 영국인들이 이러한 실내장식에 어떻게 반응할지를 보기 위해서였다. 잔가지와 빨간 사과가 대단히 창의적으로 꽂꽂이 된 화병을 뚫어지게 쳐다보던 한 여성이 털어놓았다.

"저거 봐요. 아주 멋지네요. 저도 한번 만들어보고 싶어요. 하지만 저로선 도저히 흉내 낼 수 없는 게 있죠. 차라리 웨딩드레스를 입고 속바지에 저걸 쑤셔넣고 과일 접시를 머리에 인 채 노래를 부르며 길을 달려가는 편이 낫겠어요."

이케아로서는 가르쳐야 할 게 많았다.

텔레비전 광고가 전파를 타기 전, 세인트루크스는 영국 가정주부들의 중심축이라고 알려진 버밍엄의 여성들을 포커스 그룹으로 정해 그것을 보여주고 어떤 반응을 보이는지를 알고자 했다. 그녀들은 광고를 싫어했으며 대단히 불쾌해했다. 그들은 이 광고가 자신들의 취향과 집을 비꼬고 있다고 느꼈다. 이들 포커스 그룹은 면접하는 내내 자신들의 집에 접시 깔개나 레이스 커튼 같은 흠 잡힐 만한 물건이 있지나 않은지 둘러보곤 했다. 그들은 이런 식으로 말했다.

"당신네가 그 광고를 내보내면 나는 우리 집 가구를 모두 내버려야 할 겁니다. 당신네들은 내 취향이 전부 잘못됐다고 말하고 있으니까요."

이케아와 세인트루크스는 이 텔레비전 광고가 걱정스러웠

지만 내보내기로 결정했다. 자신감이 있었다. 그 광고는 사람들에게 무엇을 해야 할지 말해주었으며 이케아 광고가 어떻게 사업에 해를 끼치지 않으면서도 무례하고 과감하게 사람들에게 이래라저래라 할 수 있는지 경계를 넓힌 표준이 되었다. 그것은 영국인들의 취향에 문제를 제기하였고 이케아는 더 많은 가구를 팔기 시작했다. 이 광고가 나가면서 영국에서의 이케아 판매량은 거의 두 배가 상승했다.

이 광고는 영국 대중의 신경을 건드린 듯하다. 그랜트는 말한다.

"영국 여성들은 이제까지의 거의 모든 전통적인 여성상을 버렸습니다. 직장생활에서, 의상에서, 남녀관계에서요. 하지만 실내장식에서는 여전히 고전적인 생각에 사로잡혀 있었지요."

'꽃무늬는 내다 버려'라는 슬로건은 브래지어를 태우라는 것이나 같았다. 이 광고는 영국 미디어의 신경도 건드렸다. 정통 보수신문 『데일리 텔레그래프』는 꽃무늬를 옹호하는 칼럼을 썼다. 하지만 다른 언론들은 '꽃무늬는 내다 버려' 슬로건을 말장난에 이용했다. 한 신문은 블레어의 이력에 대한 기사를 쓰면서 블레어의 유명한 정책을 풍자한 헤드라인을 실었다.

'토니블레어─꽃무늬에 단호한, 꽃무늬의 원인에도 단호한.'

1997년 선거에서 토니 블레어와 신노동당이 승리한 후 한 장관이 다우닝가 10번지 앞에서 인터뷰를 했다. 기자가 물었다.

"토니는 지금 무얼 하고 있나요?"

돌아온 대답은 이랬다.

"꽃무늬를 내다 버리고 있겠죠."

낡은 것은 가고 새것이 오다

이케아가 실제로 사회적 행동의 전면적인 변화에 영향을 준 것인지 아니면 그 광고가 예부터 내려오던 것들을 영리하게 건드린 것인지를 알기는 어렵다. 1960년대와 1970년대, 영국의 일부 실내장식은 자주색 빈백 의자(beanbag, 커다란 천 자루 안에 알갱이 모양의 PVC 충전재를 채워 넣은 의자—옮긴이)와 소나무로 만든 낮은 커피테이블처럼 대단히 현대적이었다. 그러다가 1980년대 대처리즘과 함께 다도 레일(dado rail, 벽면의 위아래를 구분하는 장식용 몰딩—옮긴이)과 벽난로가 다시 돌아왔고, 1990년대 중반에 힘을 잃기 시작했다. 일 년 후에는 블레어의 선거운동이 벌어졌고 이 나라에는 미래를 맞이할 분위기가 무르익었다.

바야흐로 변화의 시기였다. 신노동당의 토니 블레어가 마거릿 대처의 보수당 18년 집권을 종식시키며 총리로 선출되었다. 낡은 것은 가고 새로운 것이 왔다. 세인트루크스와 이케아는 이러한 취향과 경향의 변화 아래서 불을 밝혔으며 빅토리아 시대풍의 물건들과 맥밀런주의(1957~1963년까지 영국 총리를 지낸 모리스 해럴드 맥밀런의 이름에서 따온 말로, 전후 영국의 보수적인 사회 분위기를 가리킨다—옮긴이)를 일소했다. 세인트루크스의 공동 창업자 앤디 로는 회고한다.

"우리가 할 수 있었던 유일한 일은 사람들의 가구에 대한 태도를 바꾸어 이케아를 봉화 신호와도 같은 브랜드로 만드는 것이었습니다."

이 년 후 세인트루크스는 '영국식은 그만'이라는 또 다른 광고를 내보낸다. 때는 바야흐로 영국문화가 개방되고 현대화되던 시기였다. 세인트루크스의 전 직원은 이렇게 설명한다.

"1980년대와 1990년대의 기나긴 침체는 끝났습니다. 〈애버게일의 파티〉(Abigail's Party, 마이클 리가 1977년에 무대에 올린 영국 중산층의 야망과 취향을 풍자한 희극으로 BBC에서도 방송되었다. 영국 희극 가운데 가장 고뇌에 찬 내용의 작품 중 하나로 꼽힌다—옮긴이)와 같던 영국은 죽었습니다. 더 세계주의적으로 바뀌었지요."

이케아는 그러한 변화를 자신들과 연계시킬 줄 알았으며 더 현대적인 생활방식과 자신들을 연결했다. 영국의 전원주택 스타일과 뿌리 깊은 계급적 강박감이 드디어 허물어질까? 버밍엄의 그 모든 주부들이 드디어 항복할까? 그들은 아마도 이제 정원의 나무로 짠 테라스에서 바비큐를 굽고, 마크스앤드스펜서(Marks & Spencer)보다는 갭(Gap)에서 쇼핑을 하고, 나무 바닥을 청소하는 데 다이슨 청소기를 쓸 것이다.

방 바꾸기

이케아가 이 새로운 추세를 활용한 유일한 브랜드는 아니었다. 영국의 두 주요 지상파 방송사인 BBC1과 ITV는 〈체인징 룸스(Changing Rooms)〉 같은 주택 리모델링 프로그램을 여러 편 시작했다. 〈체인징 룸스〉는 사람들이 적은 예산으로 며칠 만에 방들을 재단장하고 변신시키도록 도왔다. 블랙앤드데커(Black & Decker)사는 유럽 전체를 대상으로 한 조사에서 사람들에게 "당신의 개성을 가장 잘 대변하는 것은 무엇입니까?"라고 질문했다. 독일을 제외하고 모든 나라 사람들이 "집."이라고 말했다. 1990년대 후반에만 해도 사람들은 그런 대답을 하지 않았다.

미국에서도 비슷한 풍자적인 유머가 미국인들로 하여금 전원주택 풍의 퀼트 조각보와 레이스 식탁보를 감각적인 스웨덴 디자인으로 갈아치우도록 이끌었다. 미국에서는 단순히 이렇게 말하는 한 편의 자기비하적인 광고가 있었다.

"미국은 큰 나라입니다, 누군가는 그곳에 가구를 채우러 가야겠죠."

성숙시장(mature market)에서 이케아의 가장 긴급한 사안 중 하나는 사람들이 패션을 대하듯 가구를 대하게 만드는 것이다. 가구는 일회용이며 정기적으로 바꾸는 것이라는.

2년 전 미국에서 이케아는 텔레비전 광고를 위해 영화 〈존

말코비치 되기〉의 감독 스파이크 존즈를 기용했다. 크리스핀 포터앤드보거스키 광고대행사에서 만든 '전등'이라는 제목의 이 광고는 칸 국제광고제에서 그랑프리를 받았다.

낡은 전등 하나가 아파트에서 끄집어내어져 거리의 보도에 버려진다. 반면 전등을 버린 주인은 집 안으로 들어가 새 전등의 훈훈한 빛을 즐긴다. 버림받은 전등은 쏟아지는 빗속에서 흠뻑 젖은 채 남겨지고 바람만 사납게 휘몰아치는 거리에는 어둠이 내려앉는다. 이때 불현듯 한 스웨덴 사내가 나타나서는 카메라에 대고 따끔하게 말한다.

"이 전등이 안쓰럽다고 느끼는 분 많으시죠. 그건 여러분이 미쳐서 그래요. 전등은 아무것도 못 느껴요. 새것이 더 좋습니다."

대중의 논란

때때로 이케아로서는 설명할 필요가 있었다. 이케아와 광고대행사가 부딪혔던 점 중 하나는 이케아를 사람들에게 어느 정도까지 이해시킬까 하는 점이었다. 가끔 이케아 광고는 사람들에게 설명해주어야 했다. 왜 스스로 조립하는 게 좋은지, 왜 줄지어 서 있는 것이 8주 동안 기다려 배달받는 것보다 좋은지, 왜 기존의 규칙들은 잘못인지.

평균보다 낮은 마케팅 예산과 대체로 시장의 10퍼센트만 차지함에도 불구하고 이케아는 사람들의 입에 오르내리는 브랜드이고 종종 그런 브랜드의 원형이나 본보기로 이용된다. 그럴 수 있었던 한 가지 이유는 이케아의 광고가 항상 논란거리를 만들기 때문이다. 가정용 가구시장에서 자신들의 생각과 각국의 취향 사이에 항상 갈등을 조장하려고 분투했기 때문이다. 2000년 '문신한 남자'라는 세인트루크스의 광고는 영국인들이 가장 싫어하는 광고로 뽑혔다.

프랑스에서는 광고대행사 CLM/BBDO를 통해 '반응(Reagissez)'이라고 불린 새로운 광고에서 물려받은 가구만을 고집하는 프랑스인들의 보수성을 손보려 했다. CLM/BBDO사의 제작감독 파스칼 그레구아르는 그 광고가 어떻게 목표를 달성할 수 있었는지 광고계 전문지『캠페인』에서 설명한다.

"우리는 가구란 결코 죽는 것이 아니니 바꿔야만 한다고 말함으로써 사람과 가구의 관계 변화를 시도했습니다. 시장을 선도하는 기업이 되려면 때로는 사람들을 밀어붙여 달라지라고 공격적으로 말해야 합니다. 물론 언제나 다정하게 대하면서 유머를 섞어야죠."[38]

이케아는 또한 매장 주변에 잡음을 일으키는 많은 지역별 PR 전략을 사용했다. 네덜란드에서 이케아는 어린아이가 있는 가정의 관심을 끌기 위해 전국의 공원에 엄청나게 큰 거인 가구들을 만들었다. 그리고 이것에 흥미로워하는 가족들을 즐겁게 해주기 위해 이야기꾼들도 배치했다. 한편으로는 12미터나 되는 거대한 노란 발자국이 각 지역 이케아 매장으로 향하는 길에 찍혀 있었다. PR 기회를 극대화하기 위해서 기자들에게는 헬리콥터 취재가 제공되었다.

캐나다에서는 토론토 거리에 가구들을 비치하고 그 옆에 '훔쳐가시오'라는 표시를 해두었다. 중국에서는 가구들을 엘리베이터에 전시했고 네덜란드에서는 아바의 팬들이 파란색과 노란색의 옷을 입고 이케아가 오픈할 예정인 마을에서 야영을 했다. 싱가포르의 어린이 대상 텔레비전 쇼에서는 아이들이 이케아가 새로 단장한 침실에서 방송하는 모습을 내보냈다.

영국 브리스틀에서 오픈할 때는 수염 난 사람은 처음 몇 주 동안 가게 출입을 금한다고 선언했다. 손님 수를 줄여 너무 붐비는 걸 막기 위해서였는데 상당한 PR 효과를 보았다. '꽃무늬는 내다 버려' 광고를 출시할 때 이케아는 자신들의 가구가 어떻게 생겼는지 사람들에게 보여주기 위해 런던의 리버풀 스트리트 기차역에 유리벽으로 된 거실을 만들고 배우들과 함께 배치했다. 파리에서는 자사의 침대를 홍보하기 위해 기차역에 매트리스 39개를 걸어놓았다.

겨울맞이 세일을 홍보하려는 세인트루크스의 지역 전략 광고는 세일 전에 물건을 사버려 돈을 아끼지 못한 고객들을 비웃는 이케아 스태프의 모습을 보여주었다. 이를 재밌다고 여긴 뉴캐슬 매장만 제외하고 영국의 모든 지점의 매니저들은 방송이 나가는 데 반대했지만 결과는 대성공이었다.

이케아와 세인트루크스의 관계는 '꽃무늬는 내다 버려' 광고 이후 6년 만인 2002년에 끝났다. 이케아는 앞으로 광고를 자체 제작하기로 결정했다. 더욱 다양한 채널 접근법의 개발과 비용 절감이 이유였다. 전통적인 광고는 점점 더 효과가 떨어지고 있는데 소비자들에게 쏟아지는 마케팅 메시지가 폭증했기 때문이다.

오늘날 많은 브랜드들이 그렇듯 이케아도 이러한 야단법석을 타개하려고 분투하고 있으며 더 창의적인 광고 방법을 찾으려고 노력하고 있다. 2004년 5월 영국에서 이케아는 처음으로 광고주 후원 프로그램에 여섯 자리 액수를 투자했다. 그것은 일련의 인테리어 디자인 쇼들이 영국 텔레비전 채널에서 방송될 것을 의미했다.

광고주 후원 프로그램(Advertiser Funded Programming), 곧 AFP는 미디어 관계자들 사이에 알려졌듯이 텔레비전 프로그램을 제작하는 새로운 방식이다. 텔레비전 채널들은 점점 더 새로운 프로그램을 제작할 자금이 쪼들리고 있으며 업체들은 점점 더 텔레비전 광고의 효과에 실망하고 있다. 따라서 AFP에서 기업들은 쇼와 쇼 사이의 막간에 돈을 지불하는 대신 프로그램에 직접 돈을 댄다. 프로그램에서 종래와 비슷한 광고를 할 수는 없겠지만 기업이 원하는 가치와 관심사들을 전달할 수 있을 것이다. 흥미로운 건 영국의 집 단장 쇼 프로그램인 〈체인징 룸스〉가 현대적 가구와 일회용 가구의 콘셉트를 홍보함으로써 이케아의 어떤 광고보다 판매에 더 크게 이바지했다는 사실이다. 그러나 〈체인징 룸스〉는 이케아가 후원한 프로그램은 아니었다.

가짜 디자이너

2004년 이케아의 영국 광고에는 판 덴 푸프(Van den Puup)라는 가공의 화려한 디자이너가 등장한다. 이 일류 디자이너의 우두머리는 '스타일리시하면서 값싼 디자인'이라는 생각에 콧방귀를 뀐다. 통통하고 나긋나긋한 몸짓에 지나치게 몸치장을 한 판 덴 푸프는 가수 엘튼 존과 디자이너 필립 스탁을 합쳐놓은 듯한 인물로 문장 하나를 말하면서도 유럽 몇 개 나라를 여행하는 것 같은 악센트를 구사한다. 그는 이케아의 가격 인하 노력을 보기만 해도 히스테리 증세를 보인다.

이 광고에는 "난 이 크고 바보 같은 파란 곳이 싫어."라는 적절한 제목이 붙었다. 광고는 연예잡지 『OK!』에 난 네 쪽 분량의 가짜 기사로 시작되었다. 판 덴 푸프의 여러 채의 집과 유명인사로서의 생활 모습을 훑는 내용으로 전형적인 『OK!』 기사였다. 텔레비전 광고에서 판 덴 푸프는 목욕가운을 입고 풀장 옆에서 빈둥거리며 이케아 제품이 디자인도 좋고 가격도 싸다는 주장을 맹비난한다. 광고와 연계한 웹사이트에서 사색에 잠긴 그가 말한다.

"페이지는 난자요, 내 펜은 정자, 디자인은 아름답고 사랑스러운 아이."

한 번 더 이케아는 실컷 조롱해댔지만 웹사이트 방문객 중 일부는 이런 반어적 의미를 이해하지 못했다. 한 성난 네티즌은 이렇게 썼다.

"함부로 지껄일래? 너같이 역겨운 엘리트 놈들이 쓸데없는 걸 만들어서 세상 사람들이 이케아 같은 곳을 찾는 거야."

웹사이트에는 이 가짜 디자이너의 이메일과 전화번호도 있었는데 반응이 쇄도했다.

2008년 이케아의 광고는 좀 더 진지해진 듯하다. 애니메이션을 활용한 광고는 "집은 세상에서 가장 중요한 곳입니다."라는 카피로 당신이 사는 곳이 가옥(house)인지 집(home)인지 묻는다.

카탈로그의 유혹

대단히 창의적인 데다가 수상 경력까지 자랑하는 광고들에 주목하다 보면 이케아의 가장 강력한 무기가 카탈로그라는 사실을 잊기 쉽다. 이케아의 카탈로그는 성경보다 더 널리 읽힌다. 마케팅 예산에서 가장 큰 몫이 투자되는 것도 이 분야다. 이것이 이케아 통신의 가장 중요한 부문이다. 2007년 한 해에만 1억 9000만 부의 카탈로그가 27개 언어로 55판이나 인쇄되었고, 35개국 2억 명의 사람들이 그것을 읽었다. 영국에서만 1300만 부의 카탈로그가 배부되며 거기에는 약 3,000여 개 이상의 제품 정보가 담겨 있다. 이케아 카탈로그는 1999년 9600만 부, 2004년 1억 4500만 부에서 계속 증가해 아직까지도 연간 1억 9000만 부 이상 발행되고 있다.

카탈로그는 우리의 혼잡하고 정신없는 삶을 이케아가 정돈하고 바꿔줄 것이라고 설득한다. 카탈로그의 페이지마다 여기에는 마키스 수납선반을, 저기에는 뤼케뷔 수납상자를 놓으면 당신의 볼품없고 어지러운 집이 멋진 스웨덴식 질서정연한 집으로 탈바꿈할 수 있다고 도취시키는 약속이 들어 있다. 카탈로그는 선언한다.

"소유는 토끼처럼 증식하는 습성이 있습니다. 요령은 필요할 때 필요한 것만을 사는 것입니다. 이케아의 다양하고 멋진 수납과 정리 도구만 있으면 삶은 어느 모로 보나 훨씬 나아집니다."

모든 카탈로그는 엘름훌트의 이케아 스튜디오에서 촬영된
다. 그곳은 유럽 최대의 사진 스튜디오로 8,000제곱미터의
넓이에 96개의 실내 세트가 있다. 카탈로그 하나를 만들려면
6,800장의 새로운 사진이 필요하며 35명의 파트타임 사진사
가 4개월 동안 작업해야 한다. 이 거대한 스튜디오의 이케아
방들은 디자이너들이 공들여 만든다. 그들은 천장을 낮추고,
가짜 창문 뒤로 목가적인 스웨덴의 전원 풍경을 그려넣고, 빌
리 책꽂이에 밝게 채색한 가짜 책들을 흩어놓는다. 그리고 그
모든 것이 짜임새 있게 정리된 환한 이케아 세상에서 이케아
엘름훌트의 직원들과 그 가족들이 당신을 바라보며 미소 짓
는다.

잉바르 캄프라드가 통신판매 가구를 사도록 고객들을 유인
하기 위해 만들었던 브로슈어 〈이케아 뉴스〉에서부터 품었던
생각은 한 번도 변하지 않았다. 그의 전략은 카탈로그를 초과
배포하고 고객들이 실제로 무언가를 살 때까지 오랜 시간을 기
꺼이 기다린다는 것이다. 이케아 내부에서는 이러한 마케팅 전
략 이면에 있는 생각을 다음과 같이 묘사한다.

"사람들에게 카탈로그를 주면 첫해에는 펼쳐보지도 않
는다. 둘째 해에는 휙휙 넘겨보긴 하지만 어깨를 으쓱
하고는 두 번 다시 생각하지 않는다. 3년째에는 재미삼
아 매장을 찾아와 둘러보지만 아무것도 사지는 않는다.

4년째에 그들은 매장을 방문해 삶은 달걀을 담는 에그 컵 하나를 산다."

그들이 중요한 무언가를 사게 되는 건 이케아와 만난 지 대여섯 번 만이다. 잉바르 캄프라드는 대단히 참을성 있는 사업가다.

어느 가구상의 유언

GREAT BRAND STORIES
GREAT IKEA!
A BRAND FOR ALL THE PEOPLE
ELEN LEWIS

이케아에 따르면 복음은 비망록에 새겨져 있다. 창업자 잉바르 캄프라드의 소책자 《어느 가구상의 유언》은 십계명과도 같다(실제로 그 책은 아홉 개의 장으로 이루어져 있지만). 그는 조직의 허공을 맴도는 신과도 같으며 그에 대한 소문은 사이비 종교의 용어로 회자된다. 그의 유언은 이렇게 시작된다.

"마침내 우리는 다수의 편에 서기로 결심했다."[*39]

이케아는 비전에 헌신하는 것이 곧 돈을 버는 길이라고 생각한다. 돈을 버는 것은 그러고 싶다고 해서 되는 것이 아니라 무언가가 당신을 그리로 몰고 가는 것이기 때문이다.

《어느 가구상의 유언》은 이케아가 스몰란드를 넘어서 점점 커지게 되자 이 선교사와도 같은 소매상의 가치와 신념을 구체화하고 내부문화를 확립하기 위해 1976년에 쓰여진 것이다. 이케아는 콘셉트 회사다. 캄프라드와 원로 경영진은 이 '신성한 콘셉트'를 거듭 되풀이해서 말하는데 그들의 330여 개 매장 각각에서 그 철학을 반영하고 실현하도록 하기 위해서다. 캄프라드는 자신의 생각을 복음서와도 같은 아홉 개의 장으로 정리했으며 이 책은 이케아 전 직원에게 전도의 열망을 안고 교부되었다.

내가 인터뷰한 거의 모든 사람이 이케아에서 일하는 것은 사이비 종교 숭배 행위와 비슷하다고 말했다. 그들은 통일교 신자들과 흡사하다. 비록 화학처리하지 않은 소나무와 엑토르프 소파를 숭배하는 신자이지만……. 이케아의 동료들은 이에 이의를 제기하지는 않지만 그러나 그보다는 좀 더 멋지고 상냥한 분파라고 내게 말한다. 사이비 종교에서처럼 그들에게는 자기만의 언어가 있고 자기만의 행동양식이 있고 따라야 할 신념 코드가 있다. 스웨덴에서 모든 것은 '이케아파(IKEA-massigt)'이든지 아니든지 둘 중 하나다. 이것은 이케아의 방식이나 콘셉트에 잘 적응하는 사람을 가리키는 느슨한 개념이다. 프랑스에서는 그것이 이케아 식이고("c'est pas IKEA"), 이케아 콘셉트에 따른 것이라고("c'est pas le concept") 말할 것이다.

이런 종교적 이미지를 떠나서 이케아를 생각하기란 불가능하다. 그러한 종교적인 이미지를 떠올리지 않을 수가 없다. 직원들의 반짝이는 눈에서 얼핏 보이는 낙천성에는 어떤 영적인 요소가 반영되어 있으며 당신이 그것을 발견한다면 반가워할 수도 두려워할 수도 있다. 그들은 자신들이 단순히 의자를 파는 것이 아니라 새로운 가정생활의 총체적 철학을 퍼트리고 있다고 열렬히 믿는다.

"이케아가 저렴하고 좋은 디자인의 가구를 제공함으로써 우리의 삶을 개선하고 있다고 믿습니다."

이케아 평생동료(lifer)는 부연 눈으로 이렇게 복음을 전도한다.

이케아 평생동료

'이케아 평생동료'라는 말은 이케아에서 장기근속 직원을 부르는 내부용어다. 그런 사람들은 무척 많다. 그들은 이케아가 가족 같다고, 한번 들어오면 절대로 떠나지 않게 된다고 말한다. 이케아를 그만두었지만 다시 돌아올 계획인 또 다른 이케아 평생동료 한 명은 이렇게 설명한다.

"그것은 특권 그룹에 속하는 것과 다소 비슷합니다. 점점 긴밀해져서 이케아 이외의 관계는 사라져버립니다. 항상 소명 의식을 갖게 되고 이케아가 진정 그런 곳이라고 믿게 됩니다. 이케아와 하나가 되어 의미 있는 무언가를 한다고 생각하게 되죠.”

부모가 이케아에서 만나 결혼했고 현재 그들의 자식도 이케아에서 일하고 있는 직원이 있다는 이야기도 들었다. 이케아에는 사내 커플도 많다. 한 커플은 16년 전 대학을 갓 졸업하고 이케아에 입사해 처음 만났고 현재는 두 사람 모두 이케아를 떠날 예정이다. 퇴사를 했다가 다시 돌아오는 이들도 있다. 조직 내에서는 그들에 대해 아마 이렇게 말할 것이다.

“자. 안데르스는 중년의 위기 때문에 5년간 회사를 떠나 있었어요. 하지만 이제 다시 그가 돌아왔습니다.”

이렇게 성공적인 팀을 위해 일한다는 것은 마치 뉴질랜드에서 럭비 선수가 되는 것처럼 대단히 자랑스러운 일인 듯하다.

회사 내부에서는 ‘맞지 않으면 관두라.’라는 말이 있다. 이케아에서는 성공하는 특정 유형의 사람이 있는 것 같다. 그런 사람은 대개 실제적이며 화려하지 않고, 외양이 수수하고 부티가 나지 않는다는 공통점이 있다. 이케아의 평생동료들은 이렇게 설명한다.

“이케아의 방식이 곧 우리 자신의 개인적 작업방식입니다. 이케아 방식이 어떤 건지 우리는 생각해볼 것도 없이 압니다.

우리는 어떤 사람이 적임자인지 아닌지 즉각 압니다. 하루만 지나보면 말할 수 있지요. '저 사람은 끽해야 3개월이겠군.'하고요."

이케아의 고용정책은 본능에 따라 적임자를 고용한다. 곧 최상의 자격을 갖춘 사람이나 가장 똑똑한 사람이 아니라 '이케아 사람'이 뽑힌다. 내가 이야기를 나눈 거의 모든 사람이 즉석에서 채용되었다고 했다. 당신이 이력서를 보내면 이케아에서 전화를 걸어온다.

"당신이 맘에 듭니다. 이력이 맘에 들어요. 면접이 통과되면 화요일부터 바로 근무할 수 있을까요?"

다른 직원이 부연 설명한다.

"그것이 이케아의 좋은 점이자 나쁜 점이죠. 그들이 즉시 무언가를 제시할 수도 있지만 수개월 동안 허송세월할 수도 있어요."

이케아 직원들의 이중생활

이케아는 회사를 가리킬 때 '우리'라는 표현을 쓴다. 이케아는 공동체이며 이 회사에서 '나'라고 말할 수 있는 사람은 창업자인 잉바르 캄프라드뿐으로 그는 직원들에게 아버지와 같은 인물이다. 매년 동료직원들은 캄프라드에게서 크리스마스 선물을 받는다. 옛날에는 이케아 수건 세트나 자전거 같은 것이었다. 1990년대 초에는 직원 모두 카세트테이프 한 개와 녹음기를 선물로 받았다. 스웨덴 라디오에서 방송되었던 캄프라드의 인터뷰를 담은 테이프였다. 어느 해인가 엘름훌트 직원들이 선물로 자전거를 받자 다음날 마을 전체가 그 자전거를 타고 돌아다니더라는 회사 내의 우스갯소리가 있다.

12만 7,000명의 직원들에게 캄프라드는 정말 아버지 같은 인물이다. 한번은 서유럽 시장의 한 이케아 경영자를 알게 되었다. 당시 그는 골치 아픈 이혼소송 중이었는데 캄프라드의 책 한 권이 많은 도움이 되었고 잉바르가 한 일들을 그의 처지에서 이해하게 되었다고 털어놓았다. 이 소매업자와 친한 어떤 이는 이렇게 말한다.

"내가 만나본 사람 중에서 그를 숭배하지 않는 사람은 한 명도 없어요."

캄프라드의 검소하고 엄격한 스파르타식 습관은 이케아의 경영문화에 스며들었으며 그 결과 이케아는 아주 작은 비용의 회계로 유명해졌다. 캄프라드는 그의 유언 4장에서 이렇게 외친다.

"자원의 낭비는 이케아에서 대죄다. 그것은 인류의 가장 큰 병 중 하나다. 당신의 자원을 이케아 식으로 쓰라. 그러면 아주 작은 수단으로 큰 결과를 이룰 것이다."[*40]

이케아의 비용의식은 사업의 구석구석에 침투해 있다. 한번은 이케아 디자이너들에게 공문이 내려졌다. 도안을 그릴 때 샤프펜슬을 사용하는 걸 중지하라는 요청의 내용이었다. 샤프펜슬은 너무 비싼 데다 심이 자주 부러지므로 대신 연필을 손으로 깎아 쓸 것을 디자이너들에게 제안하기로 경영층에서 결정한 것이었다.

이케아에서는 〈이케아와 여행을〉이라는 내부용 소책자를 배포했다. 여기에는 '가장 싼 항공운임으로 여행하는 법'과 같은 정보 목록과 경제적이고 단순한 '이케아 호텔 목록'이 들어 있다. 이케아의 모든 관리자는 이코노미 클래스나 저가항공사로 여행하고, 컨테이너 같은 싸구려 모텔에 묵으며, 때로는 여러 명이 한방을 쓰기도 한다. 이것은 일종의 전도된 스노비즘이다. 이케아의 동료들은 싸구려 호텔에 묵으며 평범한 카페 음식 먹는 것을 정말로 즐긴다.

이케아와 함께 일하는 한 컨설턴트는 새 개인비서가 그만 예약을 잘못하는 바람에 클라이언트인 이케아 사람들은 이코노미석에 끼여 가는데 자기 혼자만 비즈니스클래스석을 타고 가게 되어 몹시 곤혹스러웠다는 이야기를 내게 들려주었다. 이케아의 관리자들은 차량이나 휴대폰, 주차장의 지정석, 두둑한 접대비 등 기업의 관례적인 특전을 받지 않는다.

"하지만 시간 약속을 지키는 문제에선 가격은 전혀 염두에 두지 않습니다."

하버드 비즈니스 스쿨이 발행하는 매체에 한 중역은 이렇게 답했다.

그가 한번은 일등석 타는 걸 허락받으려고 잉바르 캄프라드에게 전화를 걸었던 적이 있었다. 그는 이코노미석이 다 팔렸고 중요한 약속이 있다고 설명했다. 캄프라드는 그의 요청을 거절하며 말했다.

"이케아에 일등석은 없습니다. 대신 자동차로 갈 수는 있을 거요."

그 중역은 택시를 타고 350마일을 여행했다.*41

1999년 안데르스 달비그가 이케아의 사장이 되었을 때 이케아의 사보에는 유머 넘치는 자동차 리뷰 기사가 실렸다. 그의 차와 캄프라드의 차를 비교한 기사였다. 이케아의 전설에 따르면 두 사람이 소유한 자동차는 둘 다 적어도 20년 이상 된 차로 차종은 각각 라다와 스코다였다(라다는 러시아의 자동차 브랜드, 스코다는 체코의 자동차 브랜드다―옮긴이). 특집기사 기획의 하나로 경주장에서 두 자동차의 승부가 있었는데 둘 다 시속 60마일 만큼의 아찔한 속도도 내지 못했다.

"이케아 주차장에 화려한 차는 없어요. 소위 삐까번쩍하다는 차는 없습니다."

한 이케아 동료는 확신한다. 하지만 일부 이케아 직원은 회사의 비계급적 이상에 부합하기 위해서 자신들의 부를 은밀히 숨기는 법을 배웠다.

"이케아에 출근할 때는 평범한 볼보를 몰고 집에서 개인적으로 차를 몰 때는 포르쉐를 타는 사람들을 알고 있어요.”

반(反) 관료제 주간

1930년대에 노르웨이의 한 작가가 써서 후세에 큰 영향을 미친 《융테의 법칙(Jungte Lavin)》이라는 책이 있다. 이 책은 다른 사람보다 튀지 않게 행동하는 법을 설명한다. 이것이 스칸디나비아문화의 특징적인 정서이고 이케아는 이 정서에 대단히 충실하다. 또한 이케아 사람들에게 중요한 자질을 가리키는 ‘오드미우크헤트(odmjukhet)’라는 스웨덴어가 있는데 이것은 겸손, 절제, 타인에 대한 존중 등을 의미한다.

이 말은 평상시 그들이 입는 유니폼에 대한 자부심에도 반영된다. 양복은 금지되는데 이케아의 모든 사람이 마치 이케아가 직장에서 간편한 옷을 입는 아이디어를 최초로 생각해낸 기업인 양 이것을 강조한다. 아마도 그럴 것이다. 고위 간부들도 모두 청바지와 넥타이를 매지 않은 셔츠 차림을 유니폼처럼 입는다. 캄프라드는 아마도 이것이 초기 개척자들의 유니폼이라고 생각하는 듯하다.

이케아에서 고객을 대하는 사람은 누구나 명찰이 달린 밝은 노란색 셔츠와 파란색 바지로 이루어진 유니폼을 입어야 한다. 이것은 바쁠 때 잠시 매장에 나와 일손을 돕는 고위 관리자들도 마찬가지다. 프랑스의 이케아 동료들은 1990년대 초까지 유니폼에 애써 저항했으며("여기가 유로디즈니냐 뭐냐?"[*42]), 유니폼을 즉각 채택하지 않은 유일한 나라였다. 하지만 지금은 프랑스인들 역시 노란색과 파란색 유니폼을 입고 돌아다닌다.

프랑스에서는 '말 놓기(tutoiement)'가 사칙이다. 이것은 상사를 포함해서 직원들끼리 누구와 이야기하든 상대를 부를 때 좀 더 정중한 '당신(vous)'이 아니라 격의 없는 '너(tu)'나 '너(toi)'로 부르는 것을 말한다. 마찬가지로 독일에서도 좀 더 공식적인 '당신(Sie)'보다는 좀 더 격의 없는 느낌의 '너(du)'를 쓴다. 전 세계 모든 동료들은 친근하게 서로 이름을 부른다.

매년 이케아는 '반(反) 관료제 주간'을 가진다. 이때 모든 관리자는 매장 전시실과 창고에서 의무적으로 일해야 하는데 이것은 관리자들이 동료 직원들과 계속 밀접한 관계를 유지하도록 장려하기 위해서다. 이케아의 사장 안데르스 달비그는 설명한다.

"이를 통해 우리는 계속해서 문제의 핵심을 인식할 수 있고, 고객에게 중요한 것에 계속 초점을 맞출 수 있습니다."[*43]

또한 매장 관리자는 필요하면 현장에 나와 함께 일해야 한다. 아마도 그들은 창고에서 문제를 해결하기 위해 일하거나 매장이 바쁘면 계산대에서 일할 것이다.

이케아는 극히 소수의 중간관리층을 가진 군살 없는 조직이다. 조직 원칙은 관리에 3단계만 둔다는 것으로, 예를 들어 누군가가 카펫 부서의 무언가를 바꾸고자 한다면 그는 매장 관리자, 해당 국가를 담당하는 총관리자, 혹은 이케아 본사의 누군가에게 이야기할 수 있다.

때때로 우주선 만한 규모의 매장을 단 스물네 명만이 운영하는 듯 보이기도 한다. 사무실도 거품을 모두 빼고 긴축 운영된다. 이케아 영국 본사는 북런던 브렌트 파크 이케아 매장의 다층 주차장 맨 위층에 있다. 그 사무실을 방문했을 때 나는 접수대에 있는 밝은 색깔의 이케아 해먹에 앉아 정원용 플라스틱 테이블에 쌓여 있는 신문들을 읽으며 기다렸었다.

스웨덴 기업은 다른 나라보다 덜 계급적이고 더 참여적인 스타일로 경영된다. 지도자는 신뢰와 존경을 얻어야 하고 피고용인들은 언제든 그들에게 질문을 던질 수 있다. 스웨덴의 브랜드 상담사 토마스 가드는 확신한다.

"스웨덴에서는 먼저 사람들의 합의를 구축한 후 조직의 실무로 나아가야 합니다. 당신이 그 일을 잘해낸다면 사람들은 당신의 편이 될 겁니다. 하지만 조심하지 않으면 끝없는 대화에 부딪힐 수도 있습니다."

합의에 도달하는 것 또한 이케아의 방식이다. 이케아의 광고 대행사에서 일했던 한 고위관리자는 이렇게 털어놓았다.

"그들은 갈등을 끔찍이도 두려워하고 싫어합니다. 모든 것이 합의되고 일치되어야 하죠. 한 시간씩 걸리는 공개적인 논쟁은 절대 없어요."

이것은 어쩌면 '옴부즈맨(ombudsman)'이 스웨덴어라는 사실과 관련이 있을지 모른다. 이 단어는 믿을 만한 관료를 가리키는 고대 노르드어 '움보드스마드르(umbodhsmadhr)'에서 유래했다. 오늘날 '옴부즈맨'은 공정한 합의를 중재하는 자를 뜻한다.

스토리텔링 문화

강력한 내부문화를 뿌리내리기 위해 이케아는 오랫동안 매혹적이고 뛰어난 이야기꾼임을 자처했다. 이케아는 잉바르 캄프라드의 근검절약법, 초창기 이케아의 개척자적 싸움, 만물의 기원인 엘름훌트, 스웨덴식 절제의 미덕 그리고 바이킹이 어떻게 세계를 정복했으며 오늘날 이케아가 그와 똑같은 일을 어떻게 해내고 있는지 등에 관한 이야기들을 엮어냈다.

이러한 동화는 조직 전체에 퍼져 있으며 요란한 불협화음 속에 점점 커진다. 그날그날의 이야기들도 있고 도덕적인 이야기들도 있다. 그리고 대체로 그 도덕적인 이야기들은 '누구누구가 이케아 방식으로 행동하지 않아서 그런 일이 일어났다'는 식이다. 한 스웨덴 동료는 말한다.

"그들은 같은 이야기를 거듭 되풀이해서 말하고 전도

하고 설교합니다. 이케아가 어떻게 생겨났는지, 어떻게 성공적인 회사로 진화했는지를 설명합니다. 무엇을 하라고 말하는 게 아니라 왜 그런지, 어떻게 그런지를 설명하려는 것이죠. 이것은 두 사람의 건축가 이야기를 떠올리게 합니다. 한 사람은 자신이 벽돌을 쌓는다고 이야기하고 또 다른 한 사람은 자신이 대성당을 짓는다고 이야기하지요."

회사가 급속히 커지자 이케아는 조직 전체에 그 문화를 골고루 스며들게 할 좀 더 공식적인 접근법을 채택하게 된다. 1976년 캄프라드는 자신의 가치를 《어느 가구상의 유언》이라는 책자에 담았고 이 책이 모든 직원에게 배부되었다.

1980년대에 캄프라드는 약 300여 명의 이케아 특사들을 대상으로 엘름훌트에서 일주일간의 세미나를 개최해 이케아의 역사와 문화를 몸소 훈련시켰다. 전설에 따르면 이 세미나 과정에는 이케아가 시작된 바로 그 정원의 초록색 헛간 방문도 포함되어 있었다. 캄프라드가 손수 뽑은 이 특사들은 본보기로 행동하여 그들이 배운 바를 퍼트리도록 기대되었다.

오늘날 엘름훌트에는 엘름훌트다가르나(Älmhultdagarna)라는 이름의 특별한 이케아 학교가 있다. 신입사원들은 이곳에 가서 '이케아 방식'을 주입받는다. 그들은 잉바르 캄프라드가 스몰란드에서 자라던 시절의 사진을 보고 스웨덴 기질에 대한 비디오를 시청한다. 그런 다음 그들은 그 지역 호텔의 지하로 내려가 이케아의 역사를 그린 그곳 박물관의 세 전시실을 둘러본다.

이케아 방식

이러한 주입(이케아에서는 이렇게 부르지 않지만) 덕분에 조직은 직원들에게 많은 자유를 줄 수 있다. 그럼에도 그들은 항상 '이것이 이케아 식으로 일하는 것일까?'라는 규준에 대한 물음으로 되돌아온다. 그들은 이케아 방식의 한계와 지침을 알고 있다. 대부분은 본능적으로 느끼며 나머지는 그들의 기업가정신에 달렸다. 이것은 이케아 플랫팩 가구 조립에 대강의 골자 안내만 주어지고 나머지는 알아서 해야 하는 것과 비슷하다.

《국경을 초월한 정체성》에서 미리암 살세르는 1980년대부터 캐나다의 이케아에서 관리자로 일하고 있는 스웨덴인 벵트를 인터뷰했다. 벵트는 20년 넘게 이 회사에서 일했으며, 1970년대 초 캄프라드가 그를 구매 담당 보조로 채용했다.[*44] 벵트는 다음과 같이 말한다.

"사람들은 항상 이케아에 대해 이야기하며 모든 걸 알고 결정을 내리는 누군가가 어딘가에 있는 듯이 말합니다. 마치 어떤 전능한 존재가 있는 듯이요. 하지만 이 케아는 바로 우리, 여기서 일하고 있는 우리 자신입니다. 무슨 일이 생기면 우리가 문제를 해결합니다. 누구도 우리에게 이거 해라, 저거 해라 지시하지 않습니다. 물론 우리가 영향을 미칠 수 없는 중요한 결정들이 있습니다. 제품 개발이나 식당 운영, 기타 정책 등등이요. 하지만 저는 우리가 상부의 지시를 받고 움직인다고 느끼지 않습니다. 우리에게는 커다란 자유가 있어요. 이케아는 확정된 정책을 던져주며 '당장 이대로 해!'라고 말하는 회사가 아닙니다. 그런 건 통하지 않아요. ……우리에게 이케아는 이케아 캐나다입니다. 우리를 정말 하나로 묶어주는 건 우리의 콘셉트와 우리의 문화뿐입니다."

매장 관리자가 매장의 색이나 레이아웃에 대해 전면적인 변화를 제안하는 등의 어리석은 행동만 하지 않는다면 그들은 창조적인 기업가로서의 실력을 발휘할 수 있다. 이것이 캄프라드가 '책임감 있는 자유'라고 부른 사려 깊고 균형 잡힌 행동이다. 스파르타식의 이케아 방침에 생기를 더하는 것은 온전히 그들에게 달렸다. 그것은 방학 동안 런던 동물원에서 사람들을 끌어모으는 것일 수도, 빙고 게임을 개최하는 것일 수도, 라디오 방송을 내보내는 것일 수도 있다. 어느 유럽 매장의 관리자는 설명한다.

"많은 자유에는 큰 책임이 따릅니다. 우리에겐 목표가 있지만 목표만 달성한다면 어떻게 했는지 그들은 별로 신경 쓰지 않습니다. 이틀 만에 했든, 석 달이 걸렸든 그들은 상관하지 않습니다. 중요한 건 해냈느냐 하는 거죠."

일반적으로 이케아의 동료는 매 순간 무엇이 옳고 무엇이 그른지 파악하고 있어야 한다. 회사 내에서 큰 실수를 저지르더라도 징계를 받지 않을 수는 있지만 항상 이케아가 어떤 회사인지는 정확히 이해하고 있어야 한다.

캄프라드와 이케아는 실수에 관대하기로 유명하다. 《어느 가구상의 유언》 8장에서 캄프라드는 말한다.

"잠자는 동안만 사람은 실수를 저지르지 않는다. 실수할지 모른다는 두려움이 관료제의 뿌리이며 발전의 적이다."[*45]

이러한 바탕의 생각은 캄프라드가 젊은 시절 나치 청년조직에 가담했었다고 고백할 때 도움이 되었다. 그는 또한 "나보다 더 실수를 많이 한 사람은 없다."고 말했다.

실수에 대한 회사 차원의 이러한 관용은 고위 간부들에게도 스며들어있다. 한 디자이너가 이케아 UK의 상무이사와 인터뷰한 이야기를 내게 들려주었는데, 그가 했던 첫 번째 질문은 "실수를 해본 적 있나요?"라는 물음이었다. 그 디자이너가 가끔 한다고 시인하자 영국 매니저는 대답했다.

"좋아요. 실수하지 않는 유일한 순간은 잠잘 때뿐이죠."

또 다른 고전적인 이야기로 잉바르 캄프라드가 금방이라도 포효할 것 같은 사진이 실린 이케아 사보 기사에 관한 이야기가 있다. 기사의 제목은 '겁쟁이처럼 굴지 말라'였다. 캄프라드가 신세대 관리자들에게 좀 더 기업가정신을 발휘하도록 촉구하는 내용이었다. 그는 이렇게 외쳤다.

"이 회사는 우리가 위험을 무릅쓰고 모험을 했기 때문에 존재한다. 여러분이 그러지 않는다면 나의 노여움을 살 뿐이다."

이케아의 번쩍이는 기업가정신에도 많은 실패가 존재했었다. 제품들은 왔다갔다했고, 새로운 분야로 모험하지 않았으며, 진출을 망설인 나라도 있었다. 그러나 앞서의 그러한 정신이 바탕에 있었기에 다른 회사와 달리 이케아는 내적으로 침체된 느낌이 전혀 들지 않는다. 또한 이케아는 사람들을 계속 깨어 있게 만든다. 가장 전도가 유망한 젊은 동료들을 18개월마다 회사의 여기저기로 인사이동시키는데 누군가의 설명에 의하면 '그래야 이끼가 끼지 않기' 때문이다. 일터는 단기간 머무는 장소이며 직원들은 모두 그런 변화를 즐기는 듯하다.

동료들은 승진을 하기도 하고 좌천을 당하기도 한다. 다른 회사에서라면 강등으로 여겨질 만한 어떤 인사이동은 이케아에서는 사실상 승진을 의미하는 것일 때도 있다. 예를 들어 누군가가 본부에서 매장으로 발령받는다면 이케아에서 이것은 준비가 갖추어진 것으로 본다는 의미다. 동료들에게 최고의 직장경험은 물류센터나 매장에서 일할 기회를 갖는 것이다.

스웨덴의 언어와 문화 또한 이케아 업무의 밑바탕이 된다. 이케아가 점점 국제적으로 커질수록 그 중요성을 더해가는데 스웨덴의 축제가 전 세계 이케아 매장에서 기려지는 것이다. 그중 하지 축제는 햇빛과 여름을 축하하는 스웨덴 최대의 명절이다. 그들은 메이폴(maypole, 유럽의 5월 봄 축제 때 광장에 세워 꽃이나 리본으로 장식한 기둥으로 그 주위에서 춤을 추며 즐긴다―옮긴이)을 세우고, 노래를 부르고, 스뫼르가스보르드(smorgasbord, 여러 가지 음식을 한꺼번에 차려놓고 원하는 만큼 덜어 먹는 스웨덴의 전통적인 식사 방법. 옛 바이킹의 식사 방법에서 유래한 것으로 오늘날 뷔페의 원형이라 할 수 있다―옮긴이)를 먹고, 엄청난 양의 보드카와 맥주를 마신다. 이와 비슷하게 4월의 마지막 날에도 봄의 시작을 축하하는 축제가 열린다. 그때 스웨덴인들은 봄을 맞이하는 커다란 모닥불을 피우고 불꽃놀이를 한다.

외국 출신의 이케아 매니저들은 스웨덴 사람이 아니면 승진을 하거나 이러한 관계망에 들어가기가 어렵다고 느낀다. 한 이케아 동료는 미래의 포부를 묻자 이렇게 대꾸한다.

"불행히도 저는 다른 나라에서 태어났어요. 제가 할 수 있는 만큼은 모두 이룬 셈이죠."

또 다른 사람은 내게 말했다. 꼭 스웨덴인일 필요는 없지만 그게 도움은 된다고.

이케아는 외국인 관리자들에게 스웨덴어를 배우도록 장려한다. 회사에서 승진하기 위한 전제조건이나 다름없다. 전 이케아 대표인 안데르스 모베리는 이렇게 말한다.

"이 회사에서 승진을 진심으로 원하는 외국인 직원이 있다면 그가 누구든 저는 스웨덴어를 배우라고 충고합니다. 그렇게 한다면 그들은 우리의 문화, 우리의 분위기, 우리의 가치에 대해 완전히 다른 느낌을 갖게 될 것입니다. 우리는 외국인 직원들이 가능한 한 많이 스웨덴과 접촉하도록 장려합니다. 예를 들어 휴가 때 스웨덴으로 간다든지 하는 식으로요."[*46]

이케아의 한 직원은 이를 확인해준다.

"국외에 거주하는 스웨덴인들이 가재파티(8월경의 스웨덴 전통 축제로 친지들이 모여 가재를 삶아 나눠 먹는다. 100년 전쯤, 정부가 가을철 가재잡이를 금지하기 직전 집중적으로 가재를 잡아먹던 데서 유래했다고 한다—옮긴이) 같은 것을 연다면 틀림없이 성공할 거예요."

하지만 조직이 점점 커지면서 이러한 문화를 유지하기가 차츰 더 어려워지고 있다. 이것은 이케아가 스웨덴 회사에서 국제적인 회사로 변모해감에 따라 불가피한 일이기도 하다. 고위 간부 대부분은 여전히 스웨덴인 남자들이지만 점점 더 다양한 국적을 지닌 이들이 상층부로 진입하기 시작했다.

이케아의 안데르스 달비그는 경영에서 다양성을 제고하겠다고 공개적으로 선언했다. 일례로 캐나다 여성 케리 몰리나로는 이케아 스웨덴의 경영을 총괄한 최초의 비스웨덴인이다 (2005년까지). 그녀는 1992년 이케아에 입사했으며 최근 이케 아 캐나다의 대표가 되어 고향으로 돌아갔다.

마찬가지로 12만 7,000명의 이케아 직원 중 500여 명 이상 이 국외에 거주하며 플랫팩 가구로 전 세계를 뒤덮는 일을 하 고 있다. 이들은 대체로 일반 동료들과는 완전히 다른 대우를 받는다. 봉급도 더 많고, 집도 제공받으며, 여행도 많이다닌다.

심각한 문제는 이케아의 평직원들은 이케아가 상징하는 것 이 무엇인지 알지 못하고 별 관심도 없다는 것이다. 실제로 두 계층이 있는 듯하다. 매장 관리자로 부임하는 고위간부들은 분 명히 비전을 가지고 있다. 하지만 그 아래에서 대중을 직접 상 대하는 매장의 직원들은 아무런 관심이 없다. 이것이 조직 내 모든 종류의 스트레스를 낳는다. 그러나 때때로 그 생각들보 다는 이케아의 비전이 조직의 더 아래에까지 스며있는 듯 보 이기도 한다.

북런던 매장에서 있었던 일이다. 한 어리벙벙한 카운터 보조 가 말 안 듣는 현금통과 씨름하는 통에 지친 쇼핑객들이 유리 제품과 욕실용 매트를 가슴에 움켜쥔 채 무한히 긴 줄로 늘어 서 있어야 했다. 당황해 어쩔 줄 모르는 그녀를 보다 보니 팔 목에 이케아 브랜드가 찍힌 노란색 플라스틱 시계를 차고 있 었다.

"그 시계를 차야 하나 보죠?"

길게 늘어서 있는 쇼핑객들의 줄 때문에 이 스웨덴 조직에 단단히 찍힐까 조마조마해하던 그녀가 갑작스러운 내 질문에 깜짝 놀라며 황급히 대답했다.

"오, 아니, 아니에요……. 제 생전 처음 차본 시계랍니다."

열띤 목소리로 말하는 그녀의 눈은 빛났고 얼굴은 기쁨에 넘치고 있었다.

9

바이킹의 여행 tour of the vikings

GREAT BRAND STORIES

GREAT IKEA!

A BRAND FOR ALL THE PEOPLE
ELEN LEWIS

당신이 세계 어디에 있는지는 중요하지 않다. 이케아의 전설은 어디서나 동일하다. 노란색과 파란색이 칠해진 매장마다 바르카뷔, 브롬마, 엑토르프, 툴스타라는 이름의 의자들을 판다. 고객들은 어느 매장에서나 제품 하나하나를 샅샅이 둘러보는 구불구불한 여행길에 오른다. 아이들의 볼풀에서 시작해 핫도그로 끝나는 여행길에.

이것은 스칸디나비아 스타일의 세계화다. 맥도널드 같은 글로벌 브랜드들은 '생각은 글로벌하게, 행동은 현지인처럼' 같은 주문을 되뇐다. 쉬운 말로 풀면 각 지역 환경에 어울리도록 변화하라는 것이다. 그래서 맥도널드는 중동에서 납작한 빵을 팔고 인도에서는 닭고기 티카 버거를 판다. 이케아는 이러한 양보를 내키지 않아 한다. 2001년 이케아의 안데르스 달비그는 말했다.*47

> "우리가 중국에 있든, 러시아에 있든, 맨해튼이나 런던에 있든 사람들은 같은 물건을 삽니다. 우리는 어디에서나 동일한 제품군을 갖추고 있습니다. 우리는 지역시장에 맞추어 순응하지 않습니다. 순응한다면 우리는 그 지역이나 도시에 있는 여느 다른 소매상의 하나가 될 뿐입니다. 우리의 전략은 독창적이어야 한다는 것입니다. 오직 스칸디나비아만의, 이케아만의 독특함이요."

미국의 피츠버그에서 러시아의 상트페테르부르크까지 뻗어나간 플랫팩 제국에 대해 우스갯소리를 할 때 이케아 내부에서는 바이킹을 언급하기 좋아한다. 현재 40여 개국에 330여 개의 매장이 있으며 프랜차이즈까지 포함하면 그 이상일 것이다. 그리고 당신이 말레이시아에 있든, 사우디아라비아에 있든, 스페인, 아이슬란드, 이스라엘, 네덜란드, 대만, 그리스, 러시아, 노르웨이, 캐나다, 프랑스, 폴란드 등 그 어디에 있든 빌리 책꽂이와 스웨덴식 미트볼을 살 수 있다.

이케아의 확장 모델은 간단하고도 단순하다. 당신이 세계 어디에 있건 필요한 것은 간단한 조립설명서뿐이다. 이케아는 제품과 시스템과 인력을 보내고 그리고 판매를 시작한다. 외국에서 이케아는 물건만 파는 것이 아니라 그 철학 또한 판다. 이것이 스웨덴인들이 일하는 방식이다.

모든 매장은 같은 방식으로 개장식을 한다. 오전 9시에 문을 열어 고객을 맞으며 스웨덴식 아침식사를 대접하고 통나무 켜기 전통의식을 행하는데, 이때 가끔 잉바르 캄프라드가 참석하기도 한다. 그리고 개장식에는 늘 다혈질인 신규 이케아 고객들의 충격적이고도 흥미진진한 질주의 광경이 펼쳐지곤 한다.

텍사스 주 휴스턴의 앙투안로 10번 주간(州間) 고속도로 변에 새로운 이케아 매장이 들어설 때였다. 크리스티 파월은 개장하기 8일 전부터 노숙을 했다. 첫 번째 대기 손님이 되어 1만 달러의 상금을 받기 위해서였다. 지글거리는 열기와 사나운 뇌우와 주차장 마무리 공사를 하는 건축업자들의 소음을 견디며 그녀는 꿋꿋이 앉아 있었다. 개장 당일, 파월 뒤로 늘어선 사람은 700명으로 불어났다. 192시간을 기다린 끝에 그녀가 구입한 물건은 세금 포함 18달러 상당의 접시와 그릇 12개였다.[*48]

이케아 매장에서 결혼식을 올리고 싶어한 캐나다의 커플 이야기도 있다. 그들은 이 스웨덴 가구회사로부터 3,500캐나다 달러 상당의 이케아 상품권을 받았다. 기사에 따르면 그들은 실제 예식보다 이 이케아 상품권에 더 흥분했다고 한다.

때로는 신규 이케아 매장을 둘러싼 광란이 비극을 부르기도 한다. 2004년 9월, 쇼핑객 세 명이 밟혀 죽고 16명이 부상을 당했다. 당시 2만 명 이상이 방문한 사우디아라비아 최초의 이케아 가구 전시실에서 상품권을 서로 차지하기 위해 돌진하다가 일어난 참사였다. 선착순 50명에게 미화 150달러 상당의 상품권을 나눠준다고 하자 너도나도 우르르 몰려든 것이 사고의 원인이었다.

이케아 쇼핑객들의 소요가 이케아의 신규시장에서만 벌어지는 것은 아니다. 2005년 2월 북런던 에드먼턴에 영국 최대의 매장이 개장했다. 영국인들은 거의 20년 동안이나 이케아의 플랫팩 철학에 이미 익숙해진 상태였다. 하지만 가죽 소파를 45파운드에 특별 할인 판매한다는 소문에 한밤중 야간개장임에도 6,000명의 쇼핑객이 몰려들었다. 매장은 30분만에 강제로 문을 닫기로 했지만 싼값의 가구를 서로 차지하려고 다투는 성마른 무리들에 어찌할 바를 몰랐다. 수십 명의 고객은 세일 물품을 먼저 잡아채기 위해서 길가에 차를 버려두고 매장으로 달려갔다. 이 소요로 6명이 병원으로 실려갔다.

미국에서의 패배

잠재적인 고객들의 그런 광란에 찬 흥분을 고려할 때, 이케아가 신규시장에서 자신들이 늘 행하던 방식을 굳이 바꾸어야 할 필요를 느끼지 못하는 것은 당연하다. 대체로 이케아가 확장할 때는 매장을 열기만 하면 된다. 그럼 판매가 마구 이루어지고 사업은 번창한다. 하지만 이케아가 1985년 미국에 처음 진출했을 때의 상황은 그처럼 녹록하지 않았다.

미국은 이 스웨덴 가구회사에 커다란 가르침을 주었다. 미국에서 영업을 시작한 지 2년 후 사업은 저조했고 매출은 줄어들었다. 대대적인 마케팅 홍보도 효과가 없었다. 미국은 엄청난 잠재력이라는 밝은 빛에 꾀어 불나방처럼 날아든 유럽 소매상들에게 종종 무덤이 되곤 했다. 미국 소매상들과의 경쟁은 치열했고 한때 이케아로서는 패배를 인정하고 물러나야 할 지경까지 몰렸었다.

미국에서 이케아의 아류들이 나타나는 데에는 오랜 시간이 걸리지 않았다. 특히 캘리포니아에 기반을 둔 스토르(Stor)라는 이름의 회사는 대놓고 이케아 콘셉트를 흉내 내기 시작했다. 스토르는 이케아와 비슷한 디자인의 제품들을 팔았고, 아이들을 위한 볼풀을 갖추었으며, 식당에서 미트볼을 팔고, 비슷한 건물에 비슷한 기치를 내걸었다. 잉바르 캄프라드와 동료들은 로스앤젤레스를 방문했을 당시 스토르가 이미 매장을 세 군데나 오픈한 것을 보고 망연자실했다.

하지만 스토르는 이케아를 그대로 모방하기는 했지만 저변에 깔린 사고, 곧 이 스웨덴 회사가 왜 이런 식으로 일하는지는 이해하지 못했다. 한 예로 스토르는 카탈로그를 없애기로 했는데 컨설턴트로부터 그것이 비용을 절감하는 손쉬운 방법이라는 자문을 듣고 내린 결정이었다. 하지만 전 세계 1억 4500여만 명에게 발송되는 이케아 카탈로그는 그 전체 콘셉트를 뒷받침하는 것이다. 스토르는 단지 눈에 보이는 거죽만 카피했을 뿐이었다.

처음에 이케아는 스토르를 상대로 법정 소송을 벌이려 했다. 모방이 너무나 분명했기 때문이었다. 그러나 이후 전형적인 이케아 스타일대로 변호사에게 돈 주는 걸 중지하고 스토르와 정면대결하기로 마음먹고 곧 로스앤젤레스에 신규매장 네 곳을 오픈했다. 몇 년 후 이케아는 이 모방범을 인수하였는데 그곳의 부지를 차지해 다른 경쟁사가 이 체인을 사들이지 못하게 하기 위해서였다.

이케아가 왜 미국 진출을 했는지는 이해하기 쉽다. 뉴욕에만 스칸디나비아 인구보다 많은 약 1800만 명의 인구가 있으며 무엇보다 1980년대 중반의 미국은 약 150억 달러 가치의 세계에서 가장 큰 가구시장이었다. 하지만 미국은 이케아를 순순히 받아들이지는 않았다. 이케아는 시종일관 너무 스웨덴적이었다.

처음 이케아는 미국의 시트와 주방기기들에 맞춰 침대와 싱크대의 크기를 조절하는 것을 고집스럽게 거부했다. 이케아 침대는 센티미터 단위로 제작되는 데 비해 미국인들은 킹사이즈나 퀸사이즈 단위를 이용했다. 또한 스칸디나비아 스타일의 책장은 너무 작아서 엔터테인먼트 선반 시스템을 원하는 미국인들은 거기에 텔레비전을 넣을 수 없었다.

이케아 꽃병이 매진된 이유는 단지 이케아의 유리컵들이 미국인들의 엄청난 갈증을 감당하기에는 너무 작았기 때문이었다. 유럽 스타일의 소파는 미국인들의 엉덩이에는 너무 딱딱했고 이케아의 식탁 크기는 추수감사절에 칠면조를 가운데 올려놓기에도 충분하지 않았다. 이런 사태가 벌어진 것이 처음은 아니었다. 1974년 이케아가 독일에 진출했을 때 이케아가 내놓은 책상은 실패작이었다. 독일인들은 다리가 넷이 아니라 다섯 개 달린 책상을 주로 사용하기 때문이었다.

미국시장을 위한 고군분투

1989년 당시 이케아의 사장 안데르스 모베리는 과감한 중대 결단을 내린다. 이케아 US를 다음 단계로 도약시켜줄 적임자로 외부인을 임명한 것이다. 고란 카르스테드트는 스웨덴의 자동차 회사인 볼보의 프랑스와 스웨덴 사장을 역임했던 경력이 있었고 스웨덴 문화를 국제시장으로 옮기는 데 따르는 어려움도 잘 이해하고 있었다. 이케아로서는 자신의 콘셉트가 미국에서도 의미가 잘 통하도록 전달할 수 있는 사람이 필요했다.

고란 카르스테드트는 미국과 캐나다의 동료 3,000여 명에게 편지를 보냈다. 그는 그들에게 국기의 비유를 들어 말했다. 즉 이케아 US는 자사의 파란색과 노란색을 성조기와 결합시켜야 하며 이케아 캐나다는 파란색과 노란색을 단풍잎과 혼합해야 한다고. 하지만 카르스테드트에게 가장 어려운 숙제는 다름 아 니라 스웨덴 본사에 이것이 좋은 아이디어임을 설득하는 일이 었다. 그는 이렇게 회고한다.

"그들은 우리가 너무 멀리 나갈까 염려했습니다. 모든 시장 에 적응할 수는 없다고, 너무 멀리 나가면 미국인처럼 돼버릴 거라고 말하더군요."

이제껏 정성스레 쌓아온 스웨덴식 꾸러미를 미국 소비자를 위해 흩트리는 것을 고집스레 마다했던 데에는 각 시장에 맞게 디자인을 변경하면 생산에서 규모의 경제를 해친다는 것을 이 케아가 잘 알고 있었기 때문이다. 미국에서 침대 사이즈를 변 경할 때 카르스테드트와 그의 팀은 이러한 생산 문제를 해결 해야 했고, 마침내 좀 더 소량의 제품을 효율적인 비용으로 생 산할 수 있는 설비를 갖춘 공급업자를 찾아냈다.

세계 어디에서든 이케아 재고 제품 가운데 변형품은 많아야 2퍼센트 정도다. 이케아가 제품을 변경하려 들면 곧바로 추가 비용이 발생한다. 최근 한 무리의 매니저들이 창업자와 함께 폴란드의 공장들을 방문했다. 캄프라드는 알고 싶었다.

"이 일 달러짜리 머그잔을 이십 센트에 만들어줄 수 있겠소?"

그들이 불가능하다고 하자 그가 말했다.

"그렇다면 주문량을 열 배로 한다면, 어쩌겠소?"

이것이 그들이 값을 깎는 방법이다. 이것은 또한 점점 더 상품군의 종류가 줄어든다는 것을 의미한다. 당신이 머그잔 한 개 가격에 열 개를 사기 원한다면 이케아로서는 전 세계에 똑같은 제품을 팔아야 하는 부담이 더 커지는 것이다.

쿠르스라는 이름의 서랍 달린 작은 침실용 탁자가 있다. 세계 대부분 지역에서 베스트셀러였으나 유독 미국에서는 잘 팔리지 않았다.

카르스테드트는 그 이유를 알아내려고 매장 한 곳에 서서 쇼핑하는 사람들을 바라보았다. 사람들은 그 제품을 계속 바라보다 서랍을 열어보고는 그냥 가버리고는 했다. 그는 그들에게 말을 걸어 이유를 물어보았다. 사람들은 서랍 깊이가 너무 얕고 서랍 안쪽이 플라스틱으로 되어있는 것이 마음에 안 든다고 대답했다. 이케아가 이 제품의 서랍을 더 깊숙하게 만들고 안쪽을 더 좋은 재질로 바꾸기까지 꼬박 2년이 걸렸다. 미국의 공급업체들에 외주를 주려면 이케아 스웨덴에서 그에 알맞은 디자인 방법을 찾아야 했기 때문이다. 카르스테드트는 고백한다.

"아마도 플라스틱이 더 나은 해결책이었겠지만 미국인들은 그것을 좋아하지 않았습니다. 어떤 경우에는 우리의 접근방법이 그들의 생활방식과는 아주 달라서 그것을 해결하려면 비용이 많이 발생했습니다. 하지만 점차 우리는 더 능숙하게 만들면서도 이케아 제품의 정체성을 계속해서 유지할 수 있는 방법을 찾아냈습니다. 그렇게 4년 동안 계속된 적응의 과정이었습니다."

이케아 US가 이룬 일부 변화는 이후 유럽에 도입되어 커다란 성공을 거두었다. 예를 들어 미국인들은 커다랗고 푹신한 소파에 폭 파묻히는 걸 좋아하는 반면 유럽인들은 끝에 걸터앉는 걸 선호했는데, 미국의 영향을 받아 더 푹신한 소파가 유럽에서 판매 1위에 올랐다. 마찬가지로 텔레비전 시스템을 위한 커다란 엔터테인먼트용 책장이 역으로 유럽에 도입되었으며 더 두껍고 묵직한 목욕 수건도 유럽에서 히트했다.

하지만 이케아는 미국시장을 위해 제품의 외관을 변경하거나 조절하는 것은 끝까지 거부했다. 이 때문에 뉴욕 같은 연안 도시들에서는 그나마 나았지만 미국 중부 매장에서는 고전을 면치 못했다. 피츠버그와 미네소타는 셰이커교도 풍의 18세기 전통 스웨덴 가구는 애호했지만 나무 자체를 그대로 살린 엷은 색조의 현대적인 스칸디나비아 가구는 이해하지 못했다.

다시 한 번 이케아는 고객들이 다른 취향에 눈뜨도록 분투해야 했다. 스칸디나비아 생활양식에서 미국인들이 좋아할 만한 것을 찾아내기 위해 미국의 실내장식 분야 기자들로 자문단을 꾸려 협력해 나갔다. 이케아의 장벽 중 하나는 다른 나라에서와 마찬가지로 가구는 오래도록 쓰는 것이라고 인식하고 있는 미국인들의 태도였다. 미국인들은 자동차보다 소파를 더 오래 사용했고 평생 동안 식탁을 교체하는 횟수는 배우자를 바꾸는 것과 비슷한 약 1.5회였다.

이케아의 셀프서비스, 자가 조립, 소매의 전 과정에 고객을 끌어들이는 시스템도 미국인들을 어리둥절하게 했다. 그곳은 번드르르한 고객 서비스, 고객 중심이 익숙한 사회였다. 미국 고객들은 이케아에서 쇼핑할 때 마치 덫에 갇힌 듯한 느낌이었다. 가장 자주 하는 질문 중 하나가 여기서 어떻게 나가냐는 질문이었다.

처음으로 이케아는 매장에서 쇼핑하는 방법을 설명하는 '원투쓰리' 단계별 계획을 만들었으며, 더 쉽게 매장 돌아다니는 방법을 알려주는 안내책자도 새로 발행했다. 이케아는 더 신속한 계산대 라인도 설치해야 했다. 미국인들은 유럽인들처럼 오래 줄을 서서 기다리지 못하기 때문이었다. 이케아는 또한 매장 곳곳에 식수대도 여러 개 설치해야 했는데 미국인들이 물 마시는 것을 좋아하기 때문이었다.

스페인에서도 이와 비슷한 문제가 있었다. 환기시설을 갖춘 흡연지역이 마드리드와 바르셀로나의 전시실에 특별 도입되었는데 스페인 사람들이 담배 피우는 것을 즐기기 때문이었다.

그러나 이 스웨덴 가구회사는 대부분의 본질적 요소들에 대해서는 조정을 거부했으며 이케아 방식의 파란색과 노란색 부분은 그대로 유지했다. 사람들은 미국인들에게 혼자 조립하라고 할 수는 없을 거라고 이케아를 향해 줄기차게 말했다. 하지만 그것을 포기한다면 이케아의 정체성을 잃게 될 것임을 그들은 잘 알고 있었다. 그리하여 그들은 더 나은 안내서를 제공했고 셀프 조립 방식을 정착시켰다.

카르스테드트는 이케아 US의 가장 중요한 성취는 이케아의 기업문화를 미국에서 유지하고 발전시킨 것이라고 생각한다. 그것은 주로 경험 많은 장기근속 이케아 특사들을 핵심 경영진으로 끌어옴으로써 가능했다. 크리스테르 그란스트란드, 요세핀 뤼드베리-두몬트, 미카엘 올손, 켄트 노르딘 같은 사람들이 이케아 US의 기사회생에 결정적인 역할을 했다. 이들은 전 세계 이케아 그룹의 고위직에 올랐다.

상황은 분명 성공적이다. 이케아는 미국에 38개의 매장을 가지고 있다(물론 대부분은 이 나라의 변두리에 흩어져 있다). 이케아 US는 온라인으로도 제품을 판매하며 1만 3,000명 이상의 동료를 고용했다. 미국은 이케아에게 두 번째로 매출이 큰 나라다(약 10퍼센트).

단기적으로 이케아의 확장은 미국에서 가장 빠를 것이다. 이케아 광고 슬로건의 말마따나 '미국은 큰 나라이고, 누군가는 그곳의 가구를 책임져야 한다.'

30년 만의 일본 진출

이케아가 스웨덴 방식을 다른 나라의 생활방식에 주입하려
했을 때 곤란을 겪은 것은 미국에서의 경험이 그 처음은 아니

었다. 1974년 일본 가정들에 플랫팩 가구의 즐거움을 알리려던 최초의 시도도 실패로 끝났었다. 이케아는 서둘러 철수하며 말했다. 일본 고객들이 아직 플랫팩 생활을 할 준비가 되어 있지 않다고, 특히 가구를 스스로 조립해야 한다는 것을 이해하지 못한다고.

그로부터 30년이 지난 2000년대 초에 와서야 이케아는 일본인들을 유혹할 수 있다는 희망을 다시 품을 수 있었다. 무엇보다 좋은 품질의 물건을, 그만한 값을 치르고 사야 한다는 일본인들의 생각이 십 년 이상 불황을 겪으며 많이 약해졌기 때문이었다. 이케아 재팬은 2006년 도쿄 외곽에서 매장 두 곳을 오픈한 것을 시작으로 2008년 총 5개 매장에 1,300여 명의 직원을 두었다.

이케아의 여러 수납 시스템 가운데 일본 도시의 비좁은 주택들에 적합한 것들이 있었지만 이케아는 작은 일본 주택에 맞추어 가구들을 더 축소해야 했다. 하지만 디자인은 변경하지 않았는데 일본 스타일이 스칸디나비아 스타일과 상당히 유사하기 때문이라고 한다.

이케아의 가장 큰 장애물은 처음 진출했던 30년 전과 변함없었다. 까다롭기로 악명 높은 일본 고객들은 가구를 스스로 조립해야 한다는 생각을 여전히 받아들이지 못했다. 이러한 이유 때문에 이케아 재팬에서는 배달과 조립 서비스를 제공한다. 진출 초기부터 감독을 맡은 이케아 일본의 관리자 토미 쿨베리는 일본시장을 잘 알고 있었다. 그는 스웨덴인이지만 도쿄 주재 스웨덴 국제무역부 서기관으로 근무하며 10년 이상 일본에서 살았다. 2006년 토미 쿨베리가 물러나고 또 다른 스웨덴인 라르스 페테르손이 부임해 이케아 재팬의 미래를 계획했다.

중국의 장벽

아시아는 이케아에게 아주 중요한 시장이 될 것이다. 중국에서의 이케아 이름인 '이지아(宜家)'는 '편안한 집'이라는 뜻이다. 1998년 처음 문을 연 상하이와 베이징에 있는 이케아 매장의 매출은 2004년에는 50퍼센트나 증가했었다. 상하이와 베이징 외 청두, 광저우, 선전 등의 지역에 8개의 매장이 있다.

이케아는 중국의 첫 매장을 1998년 상하이에 열었으며 이듬해 재빨리 베이징에 매장을 냈다. 2003년에는 상하이 매장을 새롭게 재단장하여 오픈했다. 3만 3,000제곱미터로 애초의 상하이 이케아보다 네 배나 커졌으며 첫날에만 약 8만 명의 쇼핑객을 끌어들였다. 베이징 매장은 4만 2,000제곱미터로 축구장 8개의 면적이다. 이케아의 중국 매장을 찾는 주말 손님이 하루 평균 2만 명에 이르러 직원들은 그들을 통제하기 위해 메가폰을 사용해야 할 정도다.

중국은 이케아의 가장 중요한 시장이다. 내 집 마련과 실내장식이 극히 최근에야 사회, 문화적 경향이 되었기 때문이다. 1998년 중국 정부의 주택정책 변경으로 각 성(省)은 더 이상 인민들에게 단웨이(單位, 사회주의 중국에서 각 성이 모든 인민에게 제공하는 직장의 명칭으로 출생, 혼인, 교육, 주거, 의료 등 모든 생활이 이를 기준으로 관리된다—옮긴이)별로 숙소를 제공하지 않아도 되어 개인 소유의 주택시장이 호황을 맞았다. 1999년 각 성의 시중 은행들이 공급하는 주택 대출액이 145퍼센트나 껑충 뛰었다.

12억 5000만 명의 인구를 지닌 중국은 미국과 유럽을 합한 것보다 많은 고객을 갖고 있었다. 당연히 이케아가 이 초기 시장에 관심이 있는 유일한 서구의 가구회사는 아니었다. 영국의 주택 개조용품 체인 B&Q는 바이안쥐(百安居)라는 이름으로 중국에 100개의 매장을 내기 위해 이케아에게 공개적으로 돈을 빌렸다. 바이안쥐는 2층 건물의 할인점으로 1층에서는 건축 도구와 장비를 팔고, 2층에서는 이케아류의 소프트 가구들을 판다. 점점 커지는 이케아의 관심사는 중국의 여러 현지 가게들이 이케아의 제품과 디자인을 모방하고 있다는 것이다.

이케아 론칭 당시 중국에서는 이케아가 중산층을 위한 가게, 비싼 곳으로 인식되었다. 많은 중국인 쇼핑객들이 이케아에서 시원한 에어컨 바람과 청결한 화장실 사용을 누리고 가구 그림을 그리거나 제품 설명을 베껴 적었지만 물건을 사지는 않았다. 매장 바로 바깥에 있는 가게들에서 이케아의 디자인을 베낀 물건들을 단지 몇 분의 일의 가격에 팔았기 때문이다. 이케아는 중국 진출 이후에도 지역 공급업체를 점점 더 많이 활용함으로써 가격을 내리려는 노력을 계속했다. 중국 매장에 있는 제품의 절반이 중국 현지에서 생산된 것들이다. 일부 품목은 중국이 아닌 다른 나라의 이케아에서 팔리는 가격보다 70퍼센트나 낮다.

2007년 전 세계에서 팔리는 이케아 제품의 약 22퍼센트가 중국에서 공급되었다. 그럼에도 이케아는 지역 취향에 맞추어 제품군을 조정하려는 시도는 그다지 하지 않았다. 약 7,000~8,000개의 제품군 가운데 중국시장을 위해 추가된 것은 젓가락, 뚜껑 달린 중국 냄비, 큰 식칼 등 아주 소수이다. 중국 이케아 식당에는 쌀 요리가 있으며 미트볼 외에 족발도 판다고 하고 스웨덴 표준과 다른 변형들이 몇 가지 더 있다. 대부분의 중국 아파트에 있는 발코니 때문에 매장마다 발코니 특별 코너가 있고 또한 중국 쇼핑객들을 위해 조립 서비스도 제공한다.

이 스칸디나비아 가구회사에 대한 대중들의 광적인 관심은 쉬이 가라앉지 않았다. 이케아가 베이징에 매장을 새로 낼 때 홍보를 위해 제작한 '여러분 부모처럼 되지 마세요.'라는 광고는 일주일 만에 거둬들여야 했다. 광고가 너무 성공적이어서 매장을 찾은 사람들의 줄이 끝없이 이어졌기 때문이었다.

상하이의 왕지안슈오는 자신의 블로그에 이케아에서 자신이 좋아하는 것과 싫어하는 것을 부지런히 소개한다. 그는 1999 년 대학을 졸업하고 사회 초년생 때 받은 첫 달 월급을 빌리 책 꽂이를 사느라 모조리 썼던 사연을 이야기하며 이렇게 말한다.

"이케아는 다른 어느 가구 브랜드보다 내 삶을 잘 알고 있는 듯해요."[*49]

왕지안슈오는 이케아의 가격이 떨어지는 것을 관심있게 보고 있다. 그가 기억하기로 1999년 이케아는 컬러 종이상자를 59위안에 팔았는데 당시 중국인들에게 그건 말도 안 되는 가격이었다. 몇 개월 후 그는 19위안 하는 꽃 그림을 보았는데 그 이후에는 같은 것이 1위안이라고 했다. 이케아는 중국 진출 이후 가격을 절반으로 내렸다.

이케아는 항상 주위에 신종 운수 산업을 만들어낸다. 상하이 이케아 매장 밖에는 특별 택시 서비스가 우후죽순처럼 생겨났는데 전통적인 중국 택시 대신에 소형 픽업 트럭들이 줄지어 대기한다.

매력적인 시장 러시아

이케아는 개발도상국들을 목표 대상으로 설정함으로써 장기적 성장을 이루겠지만 여러 해결해야 할 문제에도 부딪힐 것이다. 2004년 12월 이케아는 모스크바 외곽 키니키에 새로

지은 매장 개장식을 취소해야 했다. 개장 시간이 다 됐을 무렵 방문객들의 차량들로 지하 가스관에 손상이 생겼다고 관료들이 항의했기 때문이었다. 회사 매니저들은 그전부터 이케아가 뇌물을 제공하지 않은 데 따른 압력이 있었다고 주장하였다.

2005년 스웨덴 신문 『다옌스 인두스트리』는 잉바르 캄프라드가 이 문제를 논의하기 위해 러시아 대통령 블라디미르 푸틴을 만났다고 보도했다. 캄프라드는 신문 인터뷰에 이렇게 말했다.

"나는 푸틴의 눈을 바라보며 우리에게는 공통의 이해가 있다고 말할 겁니다. 우리가 러시아에 얼마나 많이 투자했으며, 투자할 의향이 있는지 말할 겁니다. 우리는 여기서 사회적 사명이 있고 푸틴은 그것을 이해해야 합니다."[50]

한때 이케아가 러시아 사업 잠정 중단을 선언할 만큼 갈등이 있었지만 이케아는 러시아 최대의 외국 소매기업이고 이케아에게도 러시아는 매력적인 소비시장이다. 2000년 진출 이후 이케아의 매장은 모두 열네 곳으로 늘어났다. 모스크바의 1000만 인구는 이케아가 표방하는 바를 즉각 이해했으며 자동차 보유율 증가와 외곽 순환도로 인프라의 확충, 창고형 매장에서 물건을 구입하는 문화 등은 그곳을 이케아의 이상적인 시장으로 만들었다. 모스크바에 있는 이케아의 첫 매장에는 매년 450만 명 이상의 쇼핑객이 방문한다. 그러나 러시아의 중산층들은 여전히 자신들이 거기서 쇼핑한다는 사실을 시인하지 않는다.

러시아에서 이케아는 많은 관세를 지불해야 한다. 그래서 현재 목표는 세금을 피하려고 이 나라 안에서 더 많은 것을 생산하는 것이다. 사실 러시아의 공급시장으로서의 거대한 잠재력이 캄프라드가 이 시장에 관심을 두는 배후의 이유일지 모른다. 현재 수입 가구에 매기는 25퍼센트의 관세는 이케아 러시아가 여전히 손해를 보고 있음을 의미한다. 하지만 장기적으로 이곳은 유용한 공급원이 될 것이다.

이케아의 가장 큰 도전 중 하나는 그 제품들을 개발도상국의 시장에서도 저렴하게 하는 것이다. '많은 사람들의 일상생활을 더 낫게 만들려는' 이케아의 원대한 철학은 비록 아직까지는 가난한 나라에 사는 사람들까지 모두 아우르지 못한다 해도 여전히 조금도 사그라들지 않고 지향되고 있다.

폴란드, 중국, 러시아에서 이케아는 사람들이 언젠가 구입하기를 꿈꾸는 가구, 간절히 바라지만 쉽사리 손에 닿지 않는 것으로 여겨진다. 이것은 캄프라드의 민주적 목표와는 거북하게 불협화음을 이룬다. 한 이케아 동료는 인정한다.

"제가 폴란드에서 들자니 그곳 사람들은 이케아 가구를 갖는 게 꿈이라고 하더군요. 그건 뭔가 잘못돼 있는 거죠."

GREAT BRAND STORIES
GREAT IKEA!
A BRAND FOR ALL THE PEOPLE
ELEN LEWIS
지구촌의 이케아 10

요리가 들러붙지 않도록 테플론으로 코팅된 프라이팬처럼 이케아에도 테플론 방패가 있어 모든 불법행위에 대한 비난을 잘도 피해 간다. 잉바르 캄프라드의 나치 가담이나 알코올 중독 혐의 그리고 이 가구회사가 미성년 노동자를 고용했다는 사실 등은 조금도 물의를 일으키지 못했다.

반(反) 브랜드 운동가들이 이케아에 그다지 주목하지 않았다는 사실은 특기할 만하다. 어쨌든 맥도널드가 패스트푸드 사업에서 그런 것처럼 이케아는 전 세계 가구 소매업에서 확고하게 글로벌한 족적을 찍고 있다.

연간 5억 8000만 명의 이케아 고객과 그들의 목재가구에 대한 허기진 탐욕은 보르네오에서 러시아에 이르는 산림에는 몹시 위협적이다. 마찬가지로 이케아가 저가정책으로 경영이 가능한 여러 방법 중에는 라오스, 베트남, 중국, 인도 같은 빈곤 국가에서 제품을 생산하는 방법이 있다. 이러한 사실은 이 스웨덴 가구회사가 대기업과 글로벌 브랜드에 적대적인 이들에게 표적이 되는 이유로 어쩌면 당연해 보인다.

이케아는 이러한 약점이 있는 평판에 대단히 민감하다. 이케아에서 PR과 커뮤니케이션을 맡고 있는 마리안네 바르네르가 이 책에 협조하기를 거절한 이유 중 하나는 다음과 같다(그녀가 보내온 이메일에서 인용한다).

"이케아는 홍보를 통해 오히려 반세계화 조직들의 표적이 되는 것을 원치 않는다. 우리가 지역사회와 환경에 우호적인 정책과 공헌을 하고 있음에도 불구하고, 그들은 우리와 같은 거대 유명 브랜드를 표적으로 삼으려고 안달이다."

이케아가 안전을 심각하게 위협받은 경우는 단 한 차례뿐이었던 것 같다. 2002년 12월 이케아는 폭파범들의 표적이 되었다. 그들은 네덜란드의 이케아 매장 중 두 곳에 폭탄을 설치했으며 제3의 장소에 있는 또 다른 폭탄을 폭파시킬 것이라고 경고했다. 이케아는 즉각 네덜란드 매장 열 군데 모두를 폐쇄했다. 폭탄은 슬리드레흐트와 암스테르담의 매장에서 발견되었고 폭파범 한 명을 무장해제시키는 과정에서 경찰 한 명이 부상을 입었다.

2년 후 폴란드인 두 명이 이 가구회사를 협박한 혐의로 기소되어 암스테르담 법정에 드디어 모습을 드러냈다. 그들은 사건 이듬해에 포르투갈에서 체포되었는데 서툰 독일어로 이케아에 25만 유로를 요구하는 협박편지를 보냈다. 실제로 이케아의 적은 반세계화 운동가들이라기보다는 이런 기회를 노리는 협박범들이다.

이렇게 원치 않는 관심으로부터 이케아를 모면하게 해주는 것은 무엇일까? 스웨덴 같은 작은 나라 출신이라는 것이 거대하고, 형편없고, 부패한 미국 출신이라는 것보다는 확실히 도움이 된다. 단순히 이케아 때문에 우리가 피해 볼 일은 없을 것이고 또한 이케아는 대다수의 기업보다 나은 모범 기업인 것처럼 보인다.

물론 '다수를 위한 디자인'이라는 캄프라드의 비전도 있다. 이케아는 항상 가격을 낮추고 그리하여 우리가 가난하든 부자든 모두 집에 짝퉁 모던 가구를, 비록 그것이 금방 덜렁거릴지라도 살 수 있게 해준다. 그 비전이 제3세계의 공장들을 이용해서 성취된다면, 그것도 좋다. 적어도 세계의 가난한 사람들의 일부나 서구 세계의 하위 중산층들에게는 도움이 된다.

2006년 이케아는 공식 웹사이트에 2005년도 사회적·환경
적 책임 보고서를 발표하면서 자신들의 지속 가능성 전략에 대
해 더욱 투명해지겠다고 다짐했었다.

미성년 노동 문제

1992년 한 스웨덴 다큐멘터리가 이케아의 얼굴에 먹칠을 했
다. 파키스탄의 이케아 공급업체 중 한 곳에서 아이들이 공장
의 방직기에 쇠사슬로 묶여 있는 모습을 보여준 것이었다. 그
리고 이 50여 년 역사의 브랜드를 보호하려는 불굴의 노력이
이루어졌다. 새로 고용된 카펫 담당 영업 관리자 마리안네 바
르네르는 곧 문제의 파키스탄 공장과 계약을 끊었고 모든 공급
계약에 미성년 노동을 금지하는 조항을 추가했다.

이것은 개발도상국들에서 이케아에 쏟아진 일련의 미성년
노동 혐의의 출발이었다. 어떤 이야기들은 날조된 것이지만
그렇지 않은 것도 있었다. 1997년 〈산타의 공방, 이케아의 뒷
마당〉이라는 제목의 또 다른 다큐멘터리는 필리핀과 베트남의
공장들에서 미성년 노동자를 고용한 것을 폭로했다. 조사를 위
해 날아간 바르네르는 필리핀의 사악한 가구 공장들과는 계약
을 해지했지만 베트남의 도자기 공장과는 계약을 그대로 유지

했다. 2년 후 이케아는 유니세프와 접촉해 미성년 노동문제를 해결할 가장 좋은 방법은 기업에 대한 보이콧이 아니라 가난의 근본 원인을 해결하고 부족한 교육기회를 늘이도록 맞서 싸우게 기업이 돕는 것이라고 결론 내렸다.

2000년부터 이케아는 유니세프와 함께 인도의 카펫 벨트에서 프로그램을 시행했다. 이 지역은 인도 카펫 수출의 85퍼센트를 차지하며 거의 모든 글로벌 소매 체인들의 공급지다. 우타르프라데시 주에는 약 50만 명의 노동자가 있었는데 유니세프는 이들 노동자 중 4만 명이 아이들이라고 추정했다. 미성년 노동 퇴치 프로그램은 이 지역의 가난한 여성들의 경제적 자립이 가능해지는 것을 목표로 한다. 이 프로그램은 인도의 성지 바라나시 주변 지역 650개 마을의 150만 명을 아우른다. 하층계급 여성들은 매달 20~50루피를 423개의 '소액 대출(micro credit)' 그룹에 적립하고 이를 통해 은행 계좌를 개설하기에 충분한 돈을 단체로 모으게 된다. 지역 사채업자로부터 고리로 돈을 빌리는 대신에 시중 금리로 돈을 빌릴 수 있게 되는 것이다.

이케아는 또한 아이들에게 대안배움센터(alternative learning center, ALC)라는 '준비 학교(bridge school)' 교육을 받게 해 일반학교에 진학하는 것을 돕는다. 이 지역의 약 103개 학교를 후원하며 아무런 학교 교육을 받지 못했을 7만 5,000명의 아이들이 ALC를 통해 교육받았고, 2만 1,000여 명의 아이들이 이

프로그램을 통해 글을 깨치게 된 것으로 추산된다.

2000년에 이케아는 1,600개 공급업체들에 대하여 '가정용 가구 제품을 구매하는 이케아 방식', 일명 아이웨이(Iway)라는 이름의 행동강령을 확립했다. 여기에는 노동 조건, 최저 임금, 초과근무율, 노조의 권리, 폐기물 관리, 화학약품 관리, 대기 및 수질 오염 배출 등에 관한 규정이 명시되었다. 그리고 미성년 노동, 차별, 자연보호 지역 산림을 목재로 사용하는 것을 용납하지 않을 것이라고 선언했다. 강령은 또한 공급업자들도 이케아와 동일한 기준을 준수해야 한다고 요청했다.

무너진 녹색 명성

이케아는 스웨덴 남부의 소나무 숲에서 성장했다. 수년 동안 이케아는 양심적인 스칸디나비아에서 느슨하나마 그 뿌리에 기반을 둔 '녹색 명성'을 가지고 있었다. 모든 제조업자가 그렇듯 이케아도 점차 지구촌에 최소한의 영향을 주도록 제품을 만들어야 한다는 압력에 맞닥뜨렸다. 목재가구로 가장 유명한 만큼 가장 많이 감시받는 것도 이케아의 환경정책이다.

이케아의 녹색 명성은 1980년대 말 책꽂이 마감에서 허용치를 초과하는 고농도의 포름알데히드가 발견되면서 무너지기 시작했다. 1990년대 초 이케아는 직원 2만 명에게 환경의

식 교육을 실시했다.

그린피스와의 담화 후에 이케아는 세계의 사라지는 숲을 파악하는 단체인 세계산림감시(Global Forest Watch)에 가입했다. 이케아는 이 프로젝트에 미화 250만 달러의 기금을 제공했다. 이케아 산림 관리자들은 '금지' 구역을 명백하게 구분하는 특별 지도를 이용한다.

그러나 이케아가 사용하는 목재 가운데 불법 벌목된 나무나 보호림이 하나도 없다고 장담할 수는 없다. 장기적으로는 모든 목재가 공인된 숲에서 공급되기를 이케아는 바라고 있다. 현재 이케아는 러시아와 중국 국경에서 불법으로 벌목되는 목재 거래를 금지하는 것을 돕기 위해 세계자연보호기금(WWF)과 함께 일하고 있다.

사회적 책임과 가격의 상관관계

이 모든 영역에서 홍보하지 않는 것은 또한 좋은 홍보다. 그리고 고객을 위해 가격을 낮추려는 이케아의 매일매일의 투쟁이 그 브랜드의 핵심이지만, 그러나 무슨 수를 써서라도 낮은 가격을 얻어내려는 소매상으로 비치는 것은 원치 않는다. 때로 이케아의 비용의식과 사회적 책임을 다하려는 욕망은 손을 잡고 함께 가기도 하지만 때로는 서로 어긋나기도 한다.

안데르스 달비그가 1999년 사장이 되었을 때 그는 이케아를 경제 마인드만큼이나 생태계 마인드도 갖춘 회사로 만들고 싶다고 말했다. 이 두 가지는 종종 겹친다. 자원을 낭비하지 않는 데 믿을 수 없을 만큼 철저하다면 그것은 또한 환경친화적인 일이기도 하다.

몇 년 전 이케아 내에서는 킬어와트(kill-a-watt)라고 불리는 경쟁이 일어났다. 이것은 비용절감 운동이자 환경에도 좋은 것이었다. 직원들은 전등, 멀티탭, 컴퓨터 등을 사용하지 않을 때는 끄도록 지시받았다. 전 세계 매장과 사무실 중 가장 전기를 많이 아낀 곳에는 상을 주었다.

이와 유사하게 이케아의 디자이너들은 더 효율적인 운송을 위해 제품을 디자인하라는 말을 귀에 못이 박히도록 듣는다. 더 효율적인 운송이란 곧 매 선적마다 더 많은 제품을 끼워 넣음으로써 비용과 공해를 줄이는 것을 의미한다.

이케아 인트라넷에 있는 기업의 사회적 책임에 관한 사내 브로슈어에는 이케아 디자이너 모니카 물데르와 그녀가 디자인해 상을 받은 물뿌리개 발로(Vallo)의 이야기가 담겨있다. 속이 텅 빈 몸체와 기다란 주둥이, 손잡이가 있는 종래의 물뿌리개가 운송하기에 번거로웠다면 물데르의 발로는 포개어 쌓을 수가 있는 획기적인 것이었다.

하지만 모든 비용을 낮게 유지하는 것과 환경친화적이 되는 것은 타협하기가 까다로운 일이다. 비용을 어느 정도까지 깎아야 비윤리적이지 않을까? 미성년 노동에 대한 이케아의 초창기 싸움과 개발도상국 시장의 공급업자들에게 의존할 수밖에 없는 현실은 풀어야 할 숙제가 결코 쉬이 사라지지 않을 것임을 의미한다.

마찬가지로 이케아는 이미 일부 영역에서 그 소매 모델에 대한 불만에 부딪히고 있다. 사람들이 차를 몰고 가야 하는 도심 밖에 거대 할인점을 건설하는 일은 점점 더 많은 견제를 받게 될 것이다. 이케아의 일회용 가구, 유행과 패션에 따라 소파를 교체하는 걸 옹호하던 일도 미래에는 점점 더 힘들어질 것이다. 이것은 확실히 지속 가능한 생활방식은 아니며 최소한 이케아는 고객들이 싫증이 난 가구를 버리는 것에 더 책임감을 가져야 할 것이다. 사람들이 원치 않는 제품은 회수해 가도록 강제될지도 모른다. 또한 이케아의 디자이너들은 가구를 디자인하는 데 점점 더 심한 압박을 받게 될 것이다. 다양한 재료들을 나중에 처리할 때는 쉽게 분리될 수 있도록 해야 할 것이기 때문이다. 그리고 이 모두는 비용을 낮추려는 이케아의 일상적 압박에 영향을 미칠 것이다.

사방에서의 위험

이케아가 가구를 팔아야 하는 지구촌과 잘 화합하는 것은 이케아 위를 떠도는 무수한 위협 중 한 조각의 비구름에 지나지 않는다. 이케아가 행한 모든 것을 모방하려 한 경쟁자들이 몇몇 있기는 했지만 이케아의 방식이 경쟁자들을 가르치고 정보를 주었다는 사실은 의심의 여지가 없다. 예를 들어 엷은 색조 그대로 맨나무를 사용한 스칸디나비아식 외양은 모든 소매상들에 스며들었다. 영국에서는 DIY 매장 B&Q와 슈퍼마켓 세인스버리가 수많은 이케아식 디자인 제품을 생산한다.

경계해야 할 하나의 거대한 경쟁자는 없지만 이 스칸디나비아 가구회사의 귀퉁이를 갉아먹는 회사들은 수없이 많다. 영국에서는 카탈로그 쇼핑업체 아르고스가 이전보다 훨씬 더 본격적으로 가구를 판매하고 있다. 미국의 홈디포 같은 DIY 소매점도 이제 모두들 가구에 손을 대고 있다.

중국에서 B&Q 매장은 두 개 층으로 나뉘는데 1층에서는 DIY 도구와 시멘트를 팔고 2층에서는 이케아와 유사한 모양의 소프트 가구를 판매한다. 한편 이케아보다 주고객의 연령층이 높은 덴마크의 가구회사 일바(Ilva)는 유럽 확장을 시작했으며 그 첫 목표는 스웨덴이다. 일바의 영국 책임자는 전에 해비타트 대표였던 마틴 투굿이다. 중요한 차이는 일바는 이케아와 달리 집까지 배달을 해준다.

이케아의 공급 경제학은 플랫팩과 규모라는 두 가지 요소에 의존한다. 플랫팩 가구는 복제는 쉽게 할 수 있지만 양적인 규모는 따라 하기 어렵다. 새롭게 등장한 경쟁자가 이케아만큼의 규모에 이르려면 오랜 시간이 걸릴 것이다. 그러나 가정용 가구에 점차 관심을 가지는 월마트와 같은 거대 할인점은 이케아의 진짜 위험요소가 될 것이다. 월마트는 이케아만큼이나 거대한 규모의 이점을 누릴 것이다. 시장을 들었다 놨다 할 수 있는 대단히 잘 닦인 거대 유통망을 가지고 있으니 말이다.

이케아의 소매 경험에서의 유연성 부족은 미래에 화를 부를 수도 있다. 당신은 이 스웨덴 가구회사의 변함없는 고집스러운 접근방식에 가타부타할 수 없다. 왜냐하면 그들은 이제까지 그런 식으로 일해 왔기 때문이다. 이런 이유로 고객들은 이케아의 미로 속으로 구불구불한 여행길에 나서기를 계속했고, 엄청난 크기의 플랫팩 박스들과 씨름해야 했으며, 가구를 손수 조립해야 했다. 하지만 언젠가는 이것에 지치지 않을까?

이케아가 지닌 매력의 핵심은 적당한 가격의 디자인이며 그런 저렴한 가격우위는 그것의 통일성에서 연유했다. 하지만 경쟁의 압력은 서로 다른 수많은 방향에서 올 수 있다. 이케아는 저가의 측면에서, 디자인의 측면에서, 소매 경험을 더 매력적으로 만드는 측면에서 공격당할 수 있다. 이것은 잠재적 시한폭탄이다.

미국, 영국, 스웨덴 같은 일부 시장에서는 온라인 구매가 가능하지만 이케아는 판매 채널로서 인터넷을 활발히 활용하지 않았다. 온라인 쇼핑은 유럽과 같은 성숙시장에서 판매 저하를 겪고 있는 소매상에게는 아주 이상적으로 보인다. 장치들은 이미 다 준비되어 있다. 이케아에는 카탈로그가 있고 물류센터 망이 있다. 하지만 고객에게 전자상거래를 제공하는 데에는 느리기만 하다. 이케아까지 가기 어려운 고객이 왜 집에서 편하게 갈란트 책상을 구매할 수 없는지는 이해가 가지 않는다.

이케아는 우리가 끈적끈적한 거미줄에 걸린 파리처럼 그 19만 제곱피트나 되는 매장에 갇히는 것을 좋아한다. 그들은 우리가 원하지 않던 것, 우리가 미처 필요한지도 몰랐던 것을 사게 한다.

과거에 이케아는 스위스와 오스트리아의 번화가에 작은 매장들을 열어서 실험했다가 역효과를 맛보았다. 전체 매출이 떨어졌는데 고객들이 외곽의 매장에 가는 대신 도심의 매장을 방문했기 때문이었다. 그들은 나무 숟가락과 마티니 잔은 샀지만 가구는 사지 않았다. 이케아의 작은 매장들이 전체 매출을 갉아먹은 것이다.

이케아 경영진은 인터넷도 그와 동일한 결과를 부르리라 걱정하는 듯하다. 하지만 영국에서는 이케아가 사업의 확장을 원한다면 매장 크기를 타협해야 할 듯하다. 이케아는 영국 정부와 설계 논쟁에 휘말렸다. 그 결과 1999년 이후 신규매장은 한 군데만 열렸다. 영국 정부는 도시 외곽의 거대 개발이 도심을 죽이고 교통체증을 증가시킨다고 우려한다. 이케아가 영국에서의 지속적인 신규매장 확장을 원한다면 아마도 전략을 바꿔 도심 가까이에 더 작은 매장들로 오픈해야 할 것이다.

애정의 종말?

　이케아에 대한 우리의 애정이 시들해지기 시작한 것일까? 이것은 그 지독한 고객 경험만이 아니라 디자인 역시 마찬가지다. 이 스웨덴 가구회사는 자기 성공의 희생양이 되어버린 걸까? 집에 자신의 정체성을 드러낼 가구, 여분의 가구, 스웨덴식 마무리가 더 많이 갖춰질수록 우리는 이웃과 구별되는 더 많은 다양성을 원하게 된다. 많은 관찰자들은 이케아가 변화해야 할 시기라고 믿는다. 버딕트 리서치사의 소매업 애널리스트 개빈 로스웰은 경고한다.

　"이케아는 '카테고리 킬러'라는 콘셉트를 가지고 있었기에 이제까지 그것을 변경하라는 요구를 받지 않았습니다. 하지만 그러한 요구가 조만간 나타날 겁니다."

　전 세계 이케아 고객의 평균 연령은 현재 42세다. 일부 시장에서는 이보다 더 많다. 앞으로 이케아는 중년층 이상의 고객들을 계속 끌어들일 방법을 배울 필요가 있다. 나이 많은 고객일수록 돈이 더 많으며, 오래가는 가구를 사고 싶어하고, 가게에서 상응하는 대우를 받기를 원한다. 이케아에게 이것은 현실적인 문제이며 아마도 시장상황에 적응해야 하는 최초의 경우일 것이다.

　이 점은 디자이너들에게도 당면과제다. 조립방법도 더 나이 많은 세대를 위해 쉬워져야 한다. 부품들은 육각렌치를 이용해 끼워 돌리는 것보다는 서로 끼우기만 하면 딸각 하며 단단히 고정되는 손쉬운 방식이 되어야 할 것이다.

이케아 디자인은 또한 더 젊은 고객들을 위해 진화할 필요가 있다. 이케아 침대에서 자란 젊은이가 이 스웨덴 회사에서 계속 가구를 사고 싶어할까? 그들이 부모와 같은 침대를 사고 싶어할까? 아마도 아닐 것이다. 그리고 이것이 바로 이케아가 처음에 성공했던 이유였다.

나는 이케아의 가장 큰 문제와 당면과제가 지난 30여 년 동안 스칸디나비아 가구의 조언을 받아들였던 스웨덴, 영국, 독일 같은 성숙시장에서 나오리라 생각한다. 이케아는 항상 도전자 브랜드, 사람들에게 그들의 취향과 행동을 바꾸라고 설득하는 반역자였다. 하지만 더 이상 차이를 만들어낼 수 없을 때 이케아는 어떻게 행동해야 할까? 다음 단계는 무엇일까?

한때 이케아는 세계를 돌아다니며 "여기에 새로운 생활방식이 있습니다."라고 말했다. 그리하여 어떤 일이 일어났나? 변화의 시기였다. 그러나 이케아는 너무 큰 소리로 너무 오랫동안 같은 메시지를 외쳐댄 듯하며 이제는 다음에 무슨 말을 할지 모르는 듯하다.

이케아는 항상 사람들이 원하는 것에 귀 기울이기보다는 사람들에게 자신의 생각을 강요했다. 물론 처음에는 그것이 옳았다. 하지만 그것은 우리가 스칸디나비아 디자인을 원한다는 것을 우리도 미처 몰랐기 때문이다. 그러나 이제는 달라졌다.

다음 세대를 위한 준비

이케아 내부에도 회사를 뒤흔들어 사태를 바꿀 필요가 있음을 아는 상당수의 고위 관리자가 있을 것이다. 하지만 그들은 일에 너무 몰두해 있다. 아마도 잉바르 캄프라드의 사후에나 대대적인 변화가 가능할 것이다. 이케아 직원들은 이 괴짜 창업자에게서 예의 바른 모험가가 되도록 허락받았지만 몇몇 제안은 아예 접근 불가였다.

하지만 내부의 누구도 캄프라드의 죽음이 이케아의 종말을 부를 거라고는 믿지 않는다. 그는 아주, 아주 오랫동안 신중하게 그 순간을 준비해왔으며 자신의 죽음이 회사의 종말 신호가 되지 않도록 확실히 했다. 그의 후계구도는 비밀에 가려 있지만 대체로 그의 아들들이 사업에 적극 관여하리라고 예상한다.

캄프라드에게는 페테르, 요나스, 마티아스, 이렇게 아들 셋이 있다. 그들은 모두 이 가구제국의 직원으로 서로 다른 직책을 맡고 있다. 그러므로 캄프라드 왕조의 지속은 (그가 원하는 대로) 불가피해 보인다. 다만 누구나 인정하듯이 이것은 루퍼트 머독의 신문왕조인 뉴스 인터내셔널에서 우리가 본 것 같은 노골적인 세습계획이나 족벌주의는 아니다. 캄프라드의 아들들은 자신들이 스스로를 증명해야만 한다.

이미 억만장자인 이 세 사람은 아버지의 특성을 물려받은 듯 보인다. 맏아들인 페테르는 이케아 전체 회사들의 모 그룹인 잉크바(Ingkva)의 이사회에 앉아 있으며 가장 강력한 후계자로 손꼽힌다. 그의 부하직원으로부터 그가 선물로 꽃다발보다는 씨앗 봉지 주는 것을 더 좋아한다는 얘기를 들었다. 물론 더 싸기 때문이다.

다른 이케아 동료가 회의차 페테르의 차를 함께 타고 외출했을 때의 일이다. 주차할 만한 곳을 찾았는데도 그가 자꾸만 주차장을 빙빙 도는 것이었다. 이유는 돈이 조금 남아 있는 주차료 징수기를 찾기 위해서였으며 그러면 더 싸게 먹히기 때문이었다. 결국 그들은 회의에 지각했다.

페테르 캄프라드의 가정생활은 자신의 아버지와 마찬가지로 수수해 보인다. 그는 겨울마다 팔꿈치에 구멍이 난 똑같은 재킷을 입으며 샌들을 신을 때 꼭 양말을 챙겨 신는다. 그의 아내는 스웨덴의 중저가 브랜드인 H&M에서 옷을 산다. 그들은 낡은 오팔을 몰고 도시를 돌아다닌다. 페테르는 아이들에게 물론 새 선물을 사주기도 하지만 레고 중고품을 사기 위해 벼룩시장 들르는 걸 좋아한다. 아버지 잉바르는 틀림없이 그를 무척 자랑스러워 할 것이다.

다른 브랜드들이 이케아 이야기에서 배울 수 있는 여러 교훈이 있다. 가장 중요한 것은 절대 쉬지 말라는 것이다. 항상 다음의 커다란 일, 다음 아이디어, 다음 시장, 사업을 개선하고 중심 비전을 강화해줄 다음의 '무언가'를 찾으라는 것이다.

한시도 가만히 있지 않는 창업자에 이끌려 이케아는 항상 끊임없이 움직였다. 일례로 1986년 이 스웨덴 가구회사는 처음으로 총매출 10억 달러(100억 크로나)를 달성했다. 보통은 이처럼 기념비적인 큰 사건을 모두 함께 축하했을 것이고 잠시 휴식을 취할 명분도 되었을 것이다. 하지만 이사회 회의 때 잉바르 캄프라드는 그저 경영팀에게 이렇게 말했을 따름이다. 이 금자탑의 의미를 1분간 가만히 되새겨보자고. 그들은 그렇게 했고 그런 다음 다시 일을 시작했다.

이케아는 해야 할 일이 산더미라고 늘 말하곤 한다. 캄프라드의 열성적인 《어느 가구상의 유언》은 다음과 같은 말로 끝난다.

"행복은 목표에 이르는 것이 아니다. 목표를 향해 가고 있다는 게 행복이다. …… 우리가 하고자 원하는 것, 우리는 해낼 수 있고 함께 해낼 것이다. 빛나는 미래를!"

바로 이것이 세계를 자신의 가구로 장식하겠다는 사명을 지닌 이 스웨덴 가구상을 계속해서 전진하도록 이끈 힘이었다.

다른 브랜드들이 이케아에서 배울 점

- 이케아에는 의미심장한 목적이 있다. 이케아는 돈을 버는 방법은 곧 비전에 헌신하는 것이라고 여긴다. 이윤을 내고자 하는 회사는 그러지 못하지만, 무언가 다른 것을 제공하려고 하면 그 때문에 이윤을 낼 수 있다.

- 이케아는 경험보다는 가능성을 보고 선발한다. 이케아는 누가 자사의 작업방식에 적합한지 본능적으로 안다.

- 이케아는 단기적 매출 압력보다는 장기적 사고로 움직인다. 중국이나 러시아 같은 신흥 시장에서 손해를 보리라는 걸 받아들인다. 하지만 이러한 손해가 장기적으로는 가치가 있으리라는 걸 안다.

- 이케아는 정직과 투명성의 중요성을 이해한다. 실수를 저지르면 이케아는 그것을 시인하고 사과하고 일을 바로잡는 조치를 한다.

- 이케아는 고객에게 그들이 원하는 것을 거의 묻지 않고 좋은 디자인, 저렴한 가격, 사람들을 설득하는 도전적인 광고를 활용한다.

- 이케아는 문제와 곤경을 기회로 바꾼다.

주 NOTES

1 R. 푸크스(Fuchs), "스웨덴인이 된다는 건 멋지지 않나요?(Isn't it great to be Swedish)", 《스웨덴인이 된다는 건 정말 멋져(Visst ar det harligt att vara svensk)》, 스톡홀름, 1991, p171.

2 『스코틀랜드 온 선데이(Scotland on Sunday)』, 2002년 2월 3일자.

3 미리암 살세르(Miriam Salzer), 《국경을 넘어선 정체성: '이케아 월드' 연구 (Identity across Borders: A study in the "Ikea-world,")》 1994, p255.

4 이케아 내부 문서.

5 〈이케아 마니아(Ikea Mania)〉, Five(영국 텔레비전 다큐멘터리).

6 베르틸 토레쿨(Bertil Torekull), 《세계 디자인을 이끌다(Leading by Design)》, 하퍼비즈니스(Harper Business), 1998, pp143-4.

7 〈삶을 위한 디자인(Design for Life)〉, BBC4(영국 텔레비전 다큐멘터리).

8 크리스토퍼 A. 바틀렛(Christopher A. Bartlett)과 아시시 난다(Asish Nanda), 《잉바르 캄프라드와 이케아(Ingvar Kamprad and Ikea)》, 하버드 비즈니스 스쿨 케이스 스터디(Harvard Business School Case Study), 1996년 7월, p3.

9 베르틸 토레쿨, 《세계 디자인을 이끌다》, 하퍼비즈니스, 1998, pp4-6.

10 〈삶을 위한 디자인〉, BBC4(다큐멘터리).

11 올리버 버크만(Oliver Burkeman), "엘름홀트의 기적(The miracle of Älmhult)", 『가디언(Guardian)』, 2004년 6월 17일자.

12 베르틸 토레쿨, 《세계 디자인을 이끌다》, 하퍼비즈니스, 1998, p20.

13 크리스토퍼 A. 바틀렛과 아시시 난다, 《잉바르 캄프라드와 이케아》, 하버드 비즈니스 스쿨 케이스 스터디, 1996년 7월, p1.

14 베르틸 토레쿨, 《세계 디자인을 이끌다》, 하퍼비즈니스, 1998, p22.

15 베르틸 토레쿨, 《세계 디자인을 이끌다》, 하퍼비즈니스, 1998, p 25.

16 베르틸 토레쿨, 《세계 디자인을 이끌다》, 하퍼비즈니스, 1998, p 45.

17 베르틸 토레쿨, 《세계 디자인을 이끌다》, 하퍼비즈니스, 1998, p 103.

18 올리버 버크만, "엘름홀트의 기적", 『가디언』, 2004년 6월 17일자.

19 베르틸 토레쿨, 《세계 디자인을 이끌다》, 하퍼비즈니스, 1998, p 80.

20 올리버 버크만, "엘름홀트의 기적", 『가디언』, 2004년 6월 17일자.

21 미리암 살세르, 《국경을 넘어선 정체성: '이케아 월드' 연구》, 1994.

22 "요람에서 무덤까지(Krybbe to grave)," 『이코노미스트(The Economist)』, 2004년 6월 12일자.

23 니콜라스 인드(Nicholas Ind)외 캐머런 와트(Cameron Watt), 《영감: 조직에 숨어 있는 창조력 발견하기(Inspiration: Capturing the creative potential of your organisation)》, 팔그레이브(Palgrave), 2004, p156.

24 미리암 살세르, 《국경을 넘어선 정체성: '이케아 월드' 연구》, 1994, p 256.

25 미리암 살세르, 《국경을 넘어선 정체성: '이케아 월드' 연구》, 1994, p 255.

26 샬럿과 피터 필(Charlotte and Peter Fiell), 《스칸디나비아 디자인(Scandinavian Design)》, 타셴(Taschen), 2002.

27 미리암 살세르, 《국경을 넘어선 정체성: '이케아 월드' 연구》, 1994, pp 255-6.

28 미리암 살세르, 《국경을 넘어선 정체성: '이케아 월드' 연구》, 1994, p 260.

29 베르틸 토레쿨, 《세계 디자인을 이끌다》, 하퍼비즈니스, 1998, p 62.

30 미셸 핸슨(Michele Hanson) "모두에게 평화와 사랑과 플랫팩 가구를(Peace, love and flat pack to all)," 『가디언』, 2004년 4월 12일자.

31 미리암 살세르, 《국경을 넘어선 정체성: '이케아 월드' 연구》, 1994, p 59.

32 "미래는 기회로 가득하다(The future is filled with opportunities)"에서 발췌. 미리암 살세르, 《국경을 넘어선 정체성: '이케아 월드' 연구》, 1994, p63 에서 인용.

33 1996년 이케아의 영국 광고에 쓰인 광고 노래, 존 그랜트(John Grant), 《신 마케팅 선언(The New Marketing Manifesto)》, 텍세레(Texere), 1999, p190 에서 인용.

34 미리암 살세르, 《국경을 넘어선 정체성: '이케아 월드' 연구》, 1994, p 3.

35 인권운동재단(Human rights campaign foundation), www.hrc.org

36 『시카고 선타임스(Chicago Sun-Times)』, 1994년 4월 2일자.

37 존 그랜트, 《신 마케팅 선언》, 텍세레, 1999, p 190.

38 루시 에이트킨(Lucy Aitken), "이케아: 세계의 꽃무늬를 몰아내다(Ikea: chucking out chintz around the world)," 『캠페인(Campaign)』, 2004년 12월 10일자, p 17.

39 잉바르 캄프라드(Ingvar Kamprad), 《어느 가구상의 유언(The Furniture Dealer's Testament)》, 미리암 살세르, 《국경을 넘어선 정체성: '이케아 월드' 연구》, 1994, p255에서 인용.

40 잉바르 캄프라드, 《어느 가구상의 유언》. 미리암 살세르, 《국경을 넘어선 정체성: '이케아 월드' 연구》, 1994, p260에서 인용.

41 크리스토퍼 A. 바렛과 아시시 난다, 《잉바르 캄프라드와 이케아》, 하버드 비즈니스 스쿨 케이스 스터디, 1996년 7월, p 5.

42 미리암 살세르, 《국경을 넘어선 정체성: '이케아 월드' 연구》, 1994, p 126.

43 니콜라스 조지(Nicholas George), "이케아, 전 세계에서 성공을 계속하다(IKEA, continues to build on global success)," 『파이낸셜 타임스(Financial Timesd)』, 2004년 9월 29일자.

44 미리암 살세르,《국경을 넘어선 정체성: '이케아 월드' 연구》, 1994, p 178.

45 미리암 살세르,《국경을 넘어선 정체성: '이케아 월드' 연구》, 1994, p 264.

46 크리스토퍼 A. 바틀렛과 아시시 난다,《잉바르 캄프라드와 이케아》, 하버드 비즈니스 스쿨 케이스 스터디, 1996년 7월, p 8.

47 "모두에게 꼭 맞는 가구점(One furniture store fits all)"『파이낸셜 타임스』, 2001년 2월 8일, 2001.

48 『휴스턴 크로니클(Houston Chronicle)』, 2004년 8월 5일자.

49 www.wangjianshuo.com

50 『다엔스 인두스트리(Dagens Industri)』, 2004년 12월 14일.

51 "테플론 방패(The Teflon shield),"『뉴스위크(Newsweek)』, 2001년 3월 12일자.

바틀렛(Bartlett), C. A. 난다(Nanda), A. (1996) 《잉바르 캄프라드와 이케아(Ingvar Kamprad and Ikea)》, 하버드 비즈니스 스쿨 케이스 스터디(Harvard Business School Case Study).

버크만(Burkeman), O. (2004) "엘름홀트의 기적(The miracle of Älmhult)", 『가디언(Guardian)』, 2004년 6월 17일자.

필(Fiell), C. 필(Fiell), P. (2002) 《스칸디나비아 디자인(Scandinavian Design)》, 타센(Taschen).

그랜트(Grant), J. (1999) 《신 마케팅 선언(The New Marketing Manifesto)》, 텍세레(Texere).

인드(Ind), N. 와트(Watt), C. (2004) 《영감: 조직에 숨어 있는 창조력 발견하기(Inspiration: Capturing the creative potential of your organisation)》, 팔그레이브(Palgrave).

로(Law), A. (1998) 《열린 마음(Open Minds)》, 텍세레.

살세르(Salzer), M. (1994) 《국경을 넘어선 정체성: '이케아 월드' 연구(Identity across Borders: A study in the "Ikea-world,")》, 미출간 학위논문.

토레쿨(Torekull), B. (1998) 《세계 디자인을 이끌다(Leading by Design)》, 하퍼비즈니스(Harper Business).

〈삶을 위한 디자인(Design for Life)〉, BBC4.
〈이케아 매니아(Ikea Mania)〉, Five.